POR QUE CRER NA
BÍBLIA

John MacArthur

Por que crer na Bíblia

A AUTORIDADE *e a* CONFIABILIDADE *da* PALAVRA *de* DEUS

Tradução:
Markus Hediger

Rio de Janeiro, 2021

Título original: *Why Believe the Bible?*
Copyright © 1980 por G/L Publications
Edição original por Baker Books. Todos os direitos reservados.
Copyright de tradução © Vida Melhor Editora LDTA, 2017.

As citações bíblicas são da *Nova Versão Internacional* (NVI), da Biblica, Inc.,
a menos que seja especificada outra versão da Bíblia Sagrada.

Os pontos de vista desta obra são de responsabilidade de seus autores e colaboradores
diretos, não refletindo necessariamente a posição da Thomas Nelson Brasil,
da HarperCollins Christian Publishing ou de sua equipe editorial.

PUBLISHER	*Omar de Souza*
GERENTE EDITORIAL	*Samuel Coto*
EDITOR	*André Lodos Tangerino*
ASSISTENTE EDITORIAL	*Marina Castro*
COPIDESQUE	*Gisele Corrêa Múfalo*
REVISÃO	*Davi Freitas e Francine Ferreira de Souza*
DIAGRAMAÇÃO	*Abreu's System*
CAPA	*Rafael Brum*

CIP-BRASIL. CATALOGAÇÃO NA PUBLICAÇÃO
SINDICATO NACIONAL DOS EDITORES DE LIVROS, RJ

M113p

Macarthur, John
    Por que crer na bíblia : a autoridade e a confiabilidade da palavra de Deus / John
Macarthur ; tradução Markus Hediger. – 1. ed. – Rio de Janeiro : Thomas Nelson, 2017.
    224 p. : il.

Tradução de: Why believe the bible?
ISBN: 978.85.7860.884-2

1. Deus. 2. Bíblia - Estudo e ensino. I. Hediger, Markus. II. Título.

17-40721   CDD: 220.6
                                            CDU: 27-276

Thomas Nelson Brasil é uma marca licenciada à Vida Melhor Editora LDTA.
Todos os direitos reservados à Vida Melhor Editora LDTA.
Rua da Quitanda, 86, sala 218 – Centro
Rio de Janeiro – RJ – CEP 20091-005
Tel.: (21) 3175-1030
www.thomasnelson.com.br

*Dedicado a Bob Vernon
em gratidão por suas orações fiéis
e sua generosa amizade.*

SUMÁRIO

PARTE I: PODEMOS REALMENTE CRER NA BÍBLIA?

1. O que a Palavra de Deus significa para nós? 17
2. Quem pode provar que a Palavra de Deus é verdadeira? 31
3. Como Deus inspirou sua Palavra? 46
4. Qual era a opinião de Jesus sobre a Palavra de Deus? 60
5. Podemos acrescentar algo à Palavra de Deus? 72

PARTE II: O QUE A PALAVRA DE DEUS FAZ POR NÓS?

6. A Palavra de Deus: Fonte de verdade e liberdade 91
7. A Palavra de Deus: Guia para a vontade dele 104
8. A Palavra de Deus: O caminho para crescer 120
9. A Palavra de Deus: A perfeita faca de poda 136
10. A Palavra de Deus: A arma decisiva 152

PARTE III: COMO TIRAR O MAIOR PROVEITO DA PALAVRA DE DEUS

11. O que diz a Palavra de Deus? 167

12. O que significa a Palavra de Deus (e o que posso fazer em relação a isso)? 179

Apêndice A: Leitura bíblica e planos de estudo 191

Apêndice B: A Declaração de Chicago sobre a Inerrância Bíblica.. 195

PREFÁCIO

Este livro, publicado pela primeira vez em 1980, foi um dos primeiros livros que escrevi. Na época, eu já exercia meu ministério na Grace Community Church há pelo menos uma década. Eu não teria ousado imaginar a extraordinária longevidade que o Senhor graciosamente me concederia como pastor e professor naquela igreja, e estou profundamente grato por ainda servir na mesma congregação quatro décadas e meia após ter sido chamado para ali cooperar. Minha paixão impulsionadora era, e ainda é, proclamar e explicar a Palavra de Deus à minha congregação e (para além do círculo da nossa comunhão) convencer o maior número possível de pessoas de que a Bíblia é verdadeira e confiável.

Este livro foi escrito mais ou menos na mesma época em que *Grace to You* começou a transmitir o ensino bíblico diariamente pela rádio em toda a América do Norte. Meu objetivo era declarar a autoridade e a inerrância da Palavra de Deus para todos os ouvidos que minha voz pudesse alcançar e, por isso, escrevi este livro na linguagem mais simples e acessível possível.

Naqueles dias, a comunidade evangélica estava emaranhada numa controvérsia significativa sobre autoridade, suficiência e inerrância da Bíblia. A certeza bíblica estava sob o ataque pesado do liberalismo e da neo-ortodoxia, especialmente em círculos acadêmicos. Alguns dos seminários evangélicos mais prestigiados haviam se transformado em centros de crítica e ceticismo. Sinais em várias igrejas e denominações outrora sãs revelavam que, até mesmo onde a Palavra de Deus havia sido proclamada com poder e clareza, a confiança na autoridade e na confiabilidade das Escrituras estava balançando. O livro explosivo de Harold Lindsell, *The Battle for the Bible* [A batalha pela Bíblia], de 1976, expôs e documentou as tendências.

Em outubro de 1978, um grupo de clérigos e estudiosos preocupados, liderado por James Montgomery Boice e Jay Grimstead, fundou o *International Council on Biblical Inerrancy* – ICBI [Concílio Internacional sobre a Inerrância Bíblica]. A organização reuniu algumas centenas de líderes e estudiosos bíblicos fiéis que, ao longo da década seguinte, escreveram livros, publicaram artigos e concentraram os esforços de uma maneira extraordinária para reafirmar e defender o compromisso evangélico histórico com a autoridade absoluta das Escrituras.

Em suas primeiras reuniões, a liderança do ICBI elaborou uma lista de 14 áreas de debate e encomendou uma série de artigos que respondessem a cada desafio que estava sendo feito à veracidade e acurácia das Escrituras. Durante a primeira década, o ICBI patrocinou três conferências que reuniram aproximadamente 300 estudiosos evangélicos para discutir e defender o princípio da inerrância bíblica. A organização convocou duas reuniões nacionais, que eram abertas ao público. E coordenou a publicação de dezenas de livros junto a numerosas editoras evangélicas, todos em defesa da acurácia, autoridade e suficiência da Bíblia.

PREFÁCIO

Mas a contribuição mais duradoura do ICBI foi o documento histórico reproduzido aqui como apêndice: *A Declaração de Chicago sobre a Inerrância Bíblica*. É, de longe, o documento teológico mais importante e de maior influência do século 20. O cofundador do ICBI, Jay Grimstead, chamou este documento de "a primeira declaração sistematicamente abrangente, amplamente fundamentada e acadêmica sobre a inspiração e autoridade das Escrituras na história da Igreja."

A obra realizada pelo ICBI foi monumental, mas a organização havia sido fundada para realizar uma tarefa altamente focada e bem definida, não para se transformar em instituição. E assim, em setembro de 1987, quando a obra proposta no início havia sido realizada, a organização foi desfeita.

Nos quinze anos que se seguiram, a inerrância não voltou a ser um tema controverso. Poucos desafios abertos ou sérios à inerrância bíblica surgiram dentro das denominações e nos seminários evangélicos, e aqueles que tentavam questioná-la recebiam pouca publicidade e pareciam ter pouca influência. Mas outras ameaças mais sutis conseguiram fincar um pé na comunidade evangélica, entre elas métodos excessivamente pragmáticos de evangelismo e crescimento da igreja, um afastamento da pregação bíblica em prol da psicologia e dos vários tipos de entretenimento, e o deliberado conteúdo alienante e deseducador das variadas formas de mídia evangélica (rádio, televisão, livros e revistas). Após conquistar a vitória no duro debate sobre a inerrância, a comunidade evangélica parecia perder seu interesse pela Bíblia, preferindo focar sua atenção em outras coisas.

Hoje em dia, a maioria dos líderes eclesiásticos não se lembra do ICBI e do debate sobre a inerrância. Em decorrência disso, muitos dos argumentos antigos e já respondidos contra a confiabilidade das Escrituras estão reemergindo de modo sutil, como se representassem ideias novas e revolucionárias. De repente, a inerrância das Escrituras está de volta ao centro do debate. É um momento oportuno para reeditar este livro.

Jamais desejei ser conhecido como teólogo polêmico ou acadêmico. Minha paixão principal é o ensino e a pregação da Palavra de Deus. É por isso que escrevi este livro tendo em mente um público leigo. Este texto não pretende ser um manual teológico ou um tratado acadêmico; é apenas uma introdução simples e básica à Palavra de Deus, que destaca o devido papel da Bíblia como a única autoridade suficiente e final do cristão em todas as questões de fé e prática.

É também um apelo aos cristãos para que eles mantenham o foco nas Escrituras enquanto tentam navegar essa cultura patologicamente rasa, sedenta de atenção, orientada pelo entretenimento e repleta de distração.

O ataque à inerrância de hoje pode representar uma ameaça maior do que 35 anos atrás, pois hoje os cristãos se preocupam com tudo, menos com a autoridade e a veracidade da Palavra de Deus — e isso é uma enorme tragédia. Pior ainda, muitas igrejas parecem encorajar seu povo a se preocupar mais com coisas como estilo, relacionamentos, prosperidade, bem-estar momentâneo e outras atividades seculares do que com a verdade das Escrituras. A igreja se torna fraca e ineficaz sempre que a Palavra de Deus não é proclamada com ousadia e convicção.

Esta é, na verdade, a obrigação primária de todo pastor fiel: "Pregue a palavra, esteja preparado a tempo e fora de tempo, repreenda, corrija, exorte com toda a paciência e doutrina" (2 Timóteo 4:2). Quando Paulo escreveu essas palavras a Timóteo, ele acrescentou estas palavras proféticas: "Pois virá o tempo em que não suportarão a sã doutrina; pelo contrário, sentindo coceira nos ouvidos, segundo os seus próprios desejos juntarão mestres para si mesmos. Eles se recusarão a dar ouvidos à verdade, voltando-se para os mitos" (versículos 3-4).

Estamos vivendo em tempos assim, e a única maneira de impedir que sejamos arrastados pela sociedade em declínio é ancorar nossas vidas na Palavra de Deus. Isso significa que nossas mentes precisam ser renovadas pela verdade de Deus revelada na Bíblia (Romanos 12:1,2). Nossos pensamentos, nossos sentimentos e nossos atos precisam estar em conformidade com a Palavra de Deus. Isso é praticamente impossível para aqueles que não conhecem a Palavra, pois as Escrituras são contrárias ao instinto humano, à sabedoria terrena e à filosofia do mundo. "Quem não tem o Espírito não aceita as coisas que vêm do Espírito de Deus, pois lhe são loucura; e não é capaz de entendê-las, porque elas são discernidas espiritualmente" (1Coríntios 2:14).

Minha esperança é que, se você é cristão, este livro não só aumente sua confiança na autoridade e confiabilidade da Palavra de Deus, mas também o motive a se tornar um estudante e amante da Bíblia. E se você ainda não é cristão, confio que você considerará seriamente as pretensões da Bíblia com um coração aberto. Que o Espírito de Deus lhe conceda a compreensão das coisas que nos foram dadas gratuitamente por Deus.

John F. MacArthur

PARTE I

Podemos realmente crer na Bíblia?

A maioria dos cristãos gostaria, evidentemente, de afirmar que acredita na Bíblia. Mas nos vemos cercados por um sistema secular que relativiza a verdade e não acredita em absolutos.

A Bíblia não é apenas atacada abertamente, é igualmente suplantada de forma sutil. É aceita como mais uma maneira de ver o mundo, mas sua autoridade divina é simplesmente ignorada, popularizada levianamente ou descartada com um sorriso resignado. Hoje, mais do que nunca, as pessoas estão fazendo as seguintes perguntas:

+ *O que a Palavra de Deus significa para nós?* Ela é autoritativa, é inerrante e eficaz em nossas vidas? Como podemos saber?

+ *Quem pode provar que a Palavra de Deus é verdadeira?* E o que dizer das evidências em vidas transformadas, da capacidade da Bíblia de se defender diante de descobertas científicas e arqueológicas, das profecias cumpridas? Qual é a única "prova final" da verdade das Escrituras?

- *Como Deus inspirou sua Palavra?* Deus usou autores bíblicos como robôs e lhes ditou os 66 livros? Quem é inspirado: o autor ou o livro? Ou ambos? O que as Escrituras querem dizer com "inspirado"?

- *O que Jesus achava da Palavra de Deus?* Podemos acreditar na autoridade de Cristo, mas não na autoridade e veracidade das Escrituras? Jesus considerou as Escrituras de sua época como história verídica?

- *Você pode acrescentar algo à Palavra de Deus?* Quem decidiu quais livros fariam parte da Bíblia e quais seriam excluídos? O que acontece quando indivíduos ou grupos tentam acrescentar algo à Bíblia?

Nestes cinco capítulos, nós nos ocuparemos com essas perguntas muito antigas, que ainda são extremamente relevantes nos dias de hoje.

1

O que a Palavra de Deus significa para nós?

Qual é a importância da Bíblia para a vida das pessoas? Existem várias maneiras de responder essa pergunta. Alguns dizem: "A Bíblia? É apenas mais um livro. Alguns sábios provérbios aqui e ali misturados com muitas genealogias, mitos e visões loucas."

Um segundo grupo responde algo como: "É claro que sei que a Bíblia é importante – pelo menos, é o que diz meu pastor. Ele a cita o tempo todo e a balança no ar. Mas eu não a leio muito – não a entendo muito bem."

Um terceiro grupo, porém, se alinharia com Sir Walter Scott, um famoso romancista e poeta inglês, que também era um cristão dedicado. Em seu leito de morte, Scott disse ao seu secretário: "Traga-me o Livro." Seu secretário olhou para os milhares de livros na biblioteca de Scott e perguntou: "Qual deles, Dr. Scott?"

"O Livro", respondeu Scott. "A Bíblia – o único livro para um moribundo!"

O cristão dedicado acrescentaria que a Bíblia não é apenas o único livro para o moribundo, mas também o é para o homem vivo, pois é a Palavra de Deus. Em qual dessas três categorias você se encaixa? Obviamente, o primeiro grupo representa a resposta típica do mundo secular. Ele não conhece Cristo e aceita apenas o que parece concordar com sua sabedoria humana. Para esse grupo, a Bíblia tem pouca importância e ainda menos autoridade.

O segundo grupo inclui muitos membros de igrejas e até mesmo alguns cristãos. Eles sabem que a Bíblia é importante e que ela deveria ter prioridade e autoridade sobre suas vidas, mas não fazem uso pessoal dela. Negligenciam seus ensinamentos e raramente abrem a Bíblia. Dependem dos pastores, professores ou palestrantes, para que eles a expliquem para eles. Pouco aplicam o que as Escrituras ensinam. A Bíblia permanece um livro de regras misterioso, um tanto confuso, que eles devem engolir de maneira submissa, como uma vitamina amarga todos os dias antes do café da manhã.

O terceiro grupo vê a Bíblia de forma bem diferente. Para estes, as Escrituras vivem e estão repletas de verdades excitantes. Esse grupo não vive apenas de pão, "mas de toda palavra que procede da boca de Deus" (Mateus 4:4).

Mas talvez você esteja pensando que você não se encaixa perfeitamente em nenhuma dessas três categorias. Se você for semelhante a muitos cristãos que conheci, você se posiciona em algum lugar entre os grupos dois e três. É seu desejo que a Bíblia seja mais importante e você quer se submeter à sua autoridade, mas de alguma forma a vida se intromete. Para onde quer que vá, você é seduzido ou forçado a se esquecer dos ensinamentos das Escrituras.

Por exemplo, você liga a TV e ouve uma grande estrela fazer um anúncio impositivo como: "Acredito que cada um deveria fazer aquilo que quer, viver sua própria vida e ter sua própria fé." O público aplaude, e você fica se perguntando se é realmente muito inteligente (ou até mesmo muito ingênuo) pensar que você, uma nova criatura em Cristo e membro de uma igreja, tem todas as respostas no interior de um livro tão antigo e aparentemente tão "antiquado".

Mas quando permitimos que o sistema de valores do mundo nos intimide, nós nos esquecemos de uma verdade básica. Num mundo de pensamento relativo que rejeita verdades absolutas, a Bíblia se destaca como autoridade absoluta para os cristãos. As Escrituras são a Palavra de Deus, e não opiniões, filosofias ou ideias humanas, nem são uma coletânea dos melhores pensamentos dos melhores pensadores. As Escrituras são a Palavra de Deus. Isso significa que elas possuem várias características e qualidades que as tornam extremamente importantes em nosso viver.

A Palavra de Deus é infalível

Algumas declarações de fé publicadas por igrejas ou organizações cristãs afirmam: "A Bíblia é a Palavra de Deus, a regra infalível de fé e prática." É uma boa declaração, mas prefiro uma declaração ainda mais forte que diz: "A Bíblia é a Palavra *infalível* de Deus, a única regra de fé e prática."

Existe uma diferença real quanto ao lugar em que você insere a palavra "infalível" nessas duas declarações. A segunda declaração afirma claramente que a Bíblia *em sua totalidade* não comete erros. Os manuscritos originais (as primeiras cópias) não continham erros. Os copiadores cometeram alguns pequenos enganos ao longo dos séculos, mas nenhum deles é grave o bastante para desafiar a infalibilidade da Bíblia. A Bíblia diz sobre si mesma: "A lei do Senhor é perfeita" (Salmos 19:7). A Bíblia não contém erros porque foi escrita (inspirada) por um Deus que não falha.

Discutirei a inspiração das Escrituras em maior detalhe no capítulo 3, mas o que tenho em mente é: *Se Deus é nossa autoridade definitiva e se seu caráter é infalível, e se ele inspirou os autores das Escrituras para que estes documentassem os pensamentos de Deus, permitindo-lhes liberdade de expressão pessoal, então a Bíblia é infalível e se torna nossa autoridade definitiva – nossa única regra de fé e prática.*

Em outras palavras: Se acreditarmos que Deus é perfeito, então significa que as cópias originais das Escrituras – a entrega original da Palavra de Deus – também precisam ser perfeitas. A Bíblia é infalível? Ela precisa ser, pois é o único livro que jamais comete erros.

A Palavra de Deus é inerrante

A Bíblia não só é infalível em sua totalidade, ela é também inerrante em suas partes. O autor de Provérbios expressa bem: "Cada palavra de Deus é comprovadamente pura; ele é um escudo para quem nele se refugia" (Provérbios 30:5).

No que diz respeito às Escrituras, a inerrância e a infalibilidade andam de mãos dadas. Segundo os autores da *Declaração de Chicago sobre a Inerrância Bíblica*, os termos negativos "infalível" e "inerrante" "têm valor especial, pois protegem explicitamente verdades positivas cruciais." A Declaração de Chicago, esboçada durante uma conferência convocada em outubro de 1978 pelo Concílio Internacional sobre a Inerrância Bíblica para reafirmar a autoridade das Escrituras, continua:

Infalível significa a qualidade de não desorientar nem ser desorientado e, dessa forma, salvaguarda em termos categóricos a verdade de que as Santas Escrituras são uma regra e um guia certos, seguros e confiáveis em todas as questões.

Semelhantemente, *inerrante* significa a qualidade de estar livre de toda falsidade ou engano e, dessa forma, salvaguarda a verdade de que as Santas Escrituras são totalmente verídicas e fidedignas em todas as suas afirmações.[1]

Como implícito nas duas definições citadas anteriormente, uma maneira conveniente de descrever infalibilidade e inerrância é usar a palavra "veracidade". Em Isaías 65:16, o próprio Senhor se chama de "Deus da verdade". Em Jeremias 10:10, o profeta escreve: "O Senhor é o Deus verdadeiro." O Novo Testamento confirma o Antigo chamando Deus de "Deus da verdade". Outros exemplos de afirmações desse tipo são: "Deus é verdadeiro" (João 3:33); "que te conheçam, o único Deus verdadeiro" (João 17:3); "Ele é o Deus verdadeiro" (1João 5:20).

Para garantir que não ignoremos a importância da veracidade de Deus, as Escrituras ressaltam três vezes que Deus não é capaz de mentir (veja Números 23:19; Tito 1:2; Hebreus 6:18).

Alguns críticos das Escrituras, porém, gostam de afirmar que a "veracidade" bíblica pode ser questionada, visto que as Escrituras contêm termos que não são cientificamente exatos nem gramaticalmente corretos e também passagens que parecem contradizer umas às outras. Os autores da Declaração de Chicago enfrentam essa crítica de frente:

No entanto, ao determinar o que o escritor ensinado por Deus está afirmando em cada passagem, temos de dedicar a mais cuidadosa atenção às afirmações e ao caráter do texto como uma produção humana. Na inspiração, Deus utilizou a cultura e os costumes do ambiente de seus escritores, um ambiente que Deus controla em sua soberana providência; é uma interpretação errônea imaginar algo diferente.

Assim, deve-se tratar história como história, poesia como poesia, e hipérbole e metáfora como hipérbole e metáfora, generalização e aproximações como aquilo que são, e assim por diante. Diferenças de práticas literárias entre os períodos bíblicos e o nosso também devem ser observadas, visto que, por exemplo, naqueles dias, narrativas não cronológicas e citações imprecisas eram habituais e aceitáveis e não violavam quaisquer expectativas. As Escrituras são inerrantes não no sentido de serem totalmente precisas de acordo com os padrões atuais, mas no sentido de que validam suas afirmações e atingem a medida de verdade que seus autores buscaram alcançar.[2]

Numa lista de 20 artigos de afirmação e negação, a Declaração de Chicago também confirma a necessidade de compreender como Deus inspirou certos homens a escreverem as Escrituras em determinados momentos e sob determinadas circunstâncias. O artigo XIII diz: "Afirmamos a propriedade do uso de inerrância como um termo teológico referente à total veracidade das Escrituras."[3]

Testemunhos em defesa da veracidade de Deus podem ser encontrados em toda a sua Palavra escrita. Se não aceitarmos e não acreditarmos nesse testemunho, acabaremos em algum lugar do segundo grupo: entre aqueles que sabem que a Bíblia deve ser importante, mas que permanecem apáticos e indiferentes àquilo que ela diz. Na verdade, essa apatia pode levar a um verdadeiro desespero. Um homem jovem me procurou em meu escritório e disse: "Toda a minha vida cristã está um caos. Tudo está caindo aos pedaços. Não consigo estudar a Bíblia. Tenho essas dúvidas..."

Fiquei ouvindo aquele jovem durante 20 minutos e então eu disse: "Eu posso lhe dizer agora mesmo qual é o seu problema. É óbvio."

"E qual é?" ele indagou.

Respondi: "Você não acredita na inerrância absoluta das Escrituras. Se você acreditar que a Palavra de Deus contém erros, isso vai confundi-lo e você não saberá em que deve acreditar. Este é o seu problema."

"Quer saber?", ele disse. "Você acertou em cheio. Eu não acredito na inerrância absoluta das Escrituras."

"Então, meu amigo", eu respondi, "como você pode ter a esperança de ser um estudioso da Palavra de Deus ou levar uma vida cristã produtiva?"

A Bíblia é inerrante? Ela precisa ser, pois a Bíblia é a Palavra de Deus, e Deus é o Deus da verdade.

A Palavra de Deus é autoritativa

Se a Bíblia é infalível e inerrante, ela precisa ser também a nossa palavra final – nosso padrão mais alto de autoridade. Os escritores do Antigo Testamento fazem mais de duas mil reivindicações diretas de estarem dizendo as palavras do próprio Deus. Eles não se cansavam de escrever coisas como: "O Espírito do Senhor me disse" ou "Veio-me a Palavra de Deus". Isaías, por exemplo, abre sua profecia dizendo: "Ouçam, ó céus! Escute, ó terra! Pois o Senhor falou" (Isaías 1:2). Quando Deus fala, todos devem ouvir, porque ele é a autoridade final.

Nos escritos do Novo Testamento, encontramos expressões semelhantes, especialmente nos ensinamentos de Jesus. Ao falar sobre a Palavra de Deus no Sermão da Montanha, Jesus diz: "Não pensem que vim abolir a Lei ou os Profetas; não vim abolir, mas cumprir. Digo-lhes a verdade: Enquanto existirem céus e terra, de forma alguma desaparecerá da Lei a menor letra ou o menor traço, até que tudo se cumpra." (Mateus 5:17,18).

O fato de que até mesmo a menor parte da Palavra de Deus tem autoridade é confirmado por Tiago quando escreve: "Pois quem obedece a toda a Lei, mas tropeça em apenas um ponto, torna-se culpado de quebrá-la inteiramente" (Tiago 2:10). Toda a Palavra de Deus é autoritativa.

Mas mesmo que a Bíblia reivindique autoridade completa sobre nossas vidas, muitas pessoas não reconhecem essa autoridade. A convicção de que "toda verdade é relativa" tira a Bíblia de seu pedestal de autoridade e a coloca na estante como "apenas mais um livro entre outros".

Num artigo escrito para a revista *Eternity*, muitos anos atrás, D. Martyn Lloyd-Jones escreveu palavras para a igreja da década de 1950 que valem ainda mais para a igreja de hoje. Lloyd-Jones ressalta que o ataque à autoridade das Escrituras começou em meados do século 18 com o início daquilo que conheceríamos como "alta crítica" das Escrituras. Pressuposições naturalistas, juntamente com o conhecimento do homem, e novas descobertas científicas foram usadas numa tentativa de analisar a Bíblia para chegar à sua verdade real. Tudo isso resultou num movimento chamado liberalismo, que se propagou durante os séculos 18 e 19. O liberalismo via a Bíblia como repleta de erros, como obra do homem e como algo que não devia ser aceito como tendo mais autoridade do que as obras de Shakespeare ou Henry Wadsworth Longfellow.

O despontar do século 20 trouxe um novo movimento. Pensadores neo-ortodoxos tentaram restaurar parte da autoridade da Bíblia reafirmando a pecaminosidade do homem e alegando que, apesar de a Bíblia não ser a Palavra de Deus, ela "contém a Palavra de Deus". Como Lloyd-Jones o descreve: "Dizem-nos que a Bíblia é em parte Palavra de Deus e em parte palavra do homem. Em parte tem grande autoridade, em outra, não tem."[4]

Lloyd-Jones observa que essa posição "em parte Palavra de Deus, em parte palavra do homem" leva à seguinte visão sobre a bíblia: parte dela possui grande valor, mas outra parte está cheia de erros e é "totalmente sem utilidade e serventia".[5] Mas, observa Lloyd-Jones, isso nos confronta com uma pergunta muito básica: "Quem decide o que é verdadeiro? Quem decide o que tem valor? Como você consegue discernir e diferenciar entre os grandes fatos verdadeiros e aquilo que é falso? Como você pode diferenciar e separar os fatos dos ensinamentos? Como você pode separar essa mensagem essencial da Bíblia do contexto em que foi apresentada? [...] A Bíblia inteira se apresenta a nós da mesma forma. Não há indícios, nenhuma suspeita de uma sugestão de que partes dela são importantes; e outras, não. Todas elas se apresentam a nós da mesma forma."[6]

O liberalismo e a neo-ortodoxia ainda nos acompanham em todas as formas imagináveis. Como Lloyd-Jones escreveu em 1957: "A posição moderna resulta na afirmação de que, na verdade, quem decide é a razão humana. Você e eu nos aproximamos da Bíblia e precisamos tomar nossas decisões na base de determinados padrões, que obviamente existem em nossas mentes. Decidimos que uma parte se conforma à mensagem em que acreditamos e que outra parte não o faz. Permanecemos na posição, a despeito de toda conversa sobre a nova situação de hoje, de que o conhecimento e a compreensão humana são o árbitro final e a suprema corte de apelação."[7] Desde pastores e seminaristas até os leigos nos bancos da igreja, todos nós podemos nos perder em dúvidas e ceticismo. Até mesmo os maiores líderes cristãos sabem o que significa lutar contra isso. Alguns lutaram e perderam; outros lutaram e ganharam. Antes de lançar sua carreira, Billy Graham lutou contra dúvidas em relação às Escrituras. Lembrando-se desses dias de luta, ele diz:

Não creio que seja possível entender tudo na Bíblia intelectualmente. Certo dia alguns anos atrás, eu decidi aceitar as Escrituras pela fé. Havia problemas que eu não conseguia resolver com meu raciocínio. Quando aceitei a Bíblia como Palavra autoritativa de Deus – pela fé – descobri imediatamente que ela se transformou em chama em minha mão. Essa chama começou a derreter a descrença nos corações de muitas pessoas e a convencê-las de Cristo.

A Palavra se transformou em martelo, que quebra os corações de pedra e que molda as pessoas à imagem de Deus. Não foi Deus quem disse: "farei com que as minhas palavras em sua boca sejam fogo"? (Jeremias 5:14), e: "Não é a minha palavra como o fogo", pergunta o Senhor, "e como um martelo que despedaça a rocha?" (Jeremias 23:29).

Eu descobri que podia fazer um simples esboço, acrescentar algumas citações das Escrituras a cada ponto, e Deus o usaria com poder para fazer com que as pessoas se entregassem plenamente a Cristo. Descobri que não precisava depender de esperteza, eloquência, manipulação psicológica, ilustrações cativantes ou citações brilhantes de homens famosos. Comecei a confiar cada vez mais nas próprias Escrituras, e Deus me abençoou. Minhas viagens e experiências me convenceram de que as pessoas no mundo inteiro têm sede de ouvir a Palavra de Deus.[8]

A Bíblia é autoritativa? Ela precisa ser defendida? O grande pregador Charles Haddon Spurgeon o disse bem: "Não há necessidade de defender um leão quando ele é atacado. Tudo que você precisa fazer é abrir o portão e deixá-lo sair."

A Palavra de Deus é eficaz

Uma das reivindicações mais poderosas da infalibilidade, da inerrância e da autoridade da Bíblia é sua eficácia. O profeta Isaías descreve a capacidade que a Bíblia possui de obter resultados, dizendo: "Assim como a chuva e a neve descem dos céus e não voltam para ele sem regarem a terra e fazerem-na brotar e florescer, para ela produzir semente para o semeador e pão para o que come, assim também ocorre com a palavra que sai da minha boca: Ela não voltará para mim vazia, mas fará o que desejo e atingirá o propósito para o qual a enviei." (Isaías 55:10,11). Uma das melhores coisas de ser pregador e professor da Palavra de Deus é saber que ela sempre fará o que promete fazer. Você não precisa se preocupar com o que dirá se seu produto falhar.

Existe uma história de uma senhora que vivia no campo. Um vendedor de aspiradores bateu à sua porta e começou a apresentar seu produto.

"Senhora, tenho aqui o melhor produto que a senhora já viu em sua vida. Esse aspirador engole qualquer coisa. Na verdade, se eu não o controlar, ele engole até o tapete."

Antes que a senhora pudesse responder, ele continuou: "Senhora, quero fazer uma demonstração."

O vendedor foi até a chaminé, pegou algumas cinzas e as jogou no meio do tapete. Depois, tirou algo de seu próprio bolso e jogou mais sujeira e lixo no tapete. Após produzir uma grande sujeira, ele disse: "Senhora, quero que a senhora veja como esse produto trabalha. Garanto que ele absorverá tudo que joguei em seu tapete."

A mulher o olhava atônita, e o vendedor continuou: "Senhora, se o aspirador não limpar tudo isso, eu comerei tudo com uma colher."

A mulher olhou detidamente para o vendedor, e finalmente conseguiu dizer: "Bem, senhor, comece a comer. Pois não temos eletricidade."

É difícil ser pego numa situação em que seu produto não funciona. Mas isso nunca acontece com a Bíblia. Ela é sempre eficaz e sempre faz exatamente o que afirma fazer. Paulo falou sobre essa grande eficácia das Escrituras quando escreveu: "O nosso evangelho não chegou a vocês somente em palavra, mas também em poder, no Espírito Santo e em plena convicção. Vocês sabem como procedemos entre vocês, em seu favor." (1 Tessalonicenses 1:5). Quando a Palavra é proclamada, ela tem poder. Ela tem o Espírito Santo, e você tem a garantia de que a Palavra de Deus sempre fará o que diz.

Resumindo

Pois bem, o que dissemos até agora? A Palavra de Deus é infalível em sua totalidade e inerrante em todas as suas partes. A Palavra de Deus é autoritativa e exige nossa obediência. A infalibilidade, a inerrância e a autoridade da Bíblia são demonstradas inúmeras vezes, porque a Bíblia é eficaz. A Bíblia faz o que ela promete fazer.

Tudo que dissemos até agora é bom, *se* tivermos mais uma coisa – a presença do Espírito Santo. A necessidade dessa dimensão adicional e vital é ilustrada por uma conversa que eu tive com um homem num avião. Enquanto conversávamos, ele admitiu repetidas vezes que ele não entendia a Bíblia. Eu não lhe disse isso com muitas palavras, mas dei-lhe a entender por que eu não esperava que ele entendesse a Bíblia. Ele não tinha aquela uma coisa de que ele necessitava – a vida de Deus em sua alma por meio da presença do Espírito Santo.

Sem o Espírito Santo, a Bíblia é apenas "mais um livro entre outros". Quando o Espírito Santo opera em nosso coração, a Bíblia é "o Livro". Veremos por que no próximo capítulo.

Algumas perguntas pessoais

1. Sei que a Bíblia é importante para mim porque:
2. Recentemente, tenho contemplado as Escrituras como autoridade final em minha vida (em meus pensamentos, palavras, comportamento) da seguinte maneira:
3. Quando descrevo a Bíblia, prefiro dizer que ela (indique a ordem de sua preferência):
   _____ é infalível
   _____ é autoritativa
   _____ é inerrante
   _____ é completamente verdadeira

Versículos-chave para lembrar

Nem só de pão viverá o homem, mas de toda palavra que procede da boca de Deus.

MATEUS 4:4

Cada palavra de Deus é comprovadamente pura; ele é um escudo para quem nele se refugia.

PROVÉRBIOS 30:5

2

Quem pode provar que a Palavra de Deus é verdadeira?

Mas como podemos saber que ela é verdadeira?

Esta pergunta é um dos gritos de guerra da nossa geração, que também gosta de perguntar: "Quem diz que eu preciso fazer isso?" Hoje em dia, é um eufemismo colossal dizer que vivemos num mundo que não reage muito bem à autoridade. Na verdade, o mundo inteiro parece se revoltar contra a autoridade. Se você não acreditar em mim, pergunte à polícia. Pergunte aos professores, treinadores, políticos. Pergunte aos empregadores, aos juízes – ou ao presidente.

No fundo da alma de cada pessoa há uma semente de individualismo que brota no ventre e se mostra já no berço. Todos nós queremos ser nossos próprios deuses. Queremos ser os capitães da nossa alma e os senhores do nosso destino. Não, não lidamos muito bem com autoridade.

É surpreendente, então, que as pessoas questionem a autoridade da Bíblia? Como pastor, posso dizer: "A Bíblia é a autoridade absoluta para todos. É infalível, inerrante, eficaz e absolutamente autoritativa. É a última palavra sobre como todos nós deveríamos viver."

A resposta típica – que pode vir de cristãos e de não cristãos – é: "Bem, como é que você sabe isso? Não vou aceitar isso a não ser que você *prove*." Em outras palavras: Querem provas. O que você pode dizer, então, quando alguém pedir para você provar que a Bíblia é verdadeira?

Quatro maneiras de provar a veracidade da Bíblia

Se eu quiser participar do jogo "Prove que a Bíblia é verdadeira", posso argumentar na base da *experiência pessoal*. Acredito que a Bíblia é verdadeira porque ela me dá as experiências que ela promete me dar. Por exemplo: A Bíblia diz que Deus perdoa meus pecados. Creio nisso. Eu aceitei o perdão de Deus, e isso aconteceu. Como posso saber? Tenho um senso de liberdade da culpa.

A Bíblia diz também que, se eu aceitar Cristo, eu serei uma "nova criatura". As coisas velhas passarão, e todas as coisas se tornarão novas. Decidi crer em Cristo certo dia, e tudo aconteceu exatamente como a Bíblia prometeu. As coisas velhas se foram, e todas as coisas se tornaram novas. Eu sei, porque eu experimentei isso em minha própria vida.

Sim, a Bíblia realmente transforma vidas. Milhões de pessoas – desde grandes estadistas até educadores e cientistas brilhantes, desde filósofos e escritores até generais e historiadores – podem testificar como a Bíblia transformou suas vidas. Como disse alguém: "Uma Bíblia que está caindo aos pedaços costuma pertencer a alguém que não está." Milhões de pessoas são prova viva de que a Bíblia pode restaurar e preservar vidas.

Um argumento mais forte vem da ciência. Apesar de a Bíblia não ser um livro científico, as descrições referentes a processos científicos são corretas.

Veja, por exemplo, o ciclo hidrológico. A chuva ou a neve cai na terra e corre para os riachos, que desembocam em rios, que desaguam no mar. A água evapora da superfície dos oceanos e retorna para as nuvens, onde se transforma em chuva e neve, que cai para a terra. O ciclo hidrológico é uma descoberta de tempos bastante modernos, mas a Bíblia já fala dele em Isaías 55:10: "Assim como a chuva e a neve descem dos céus e não voltam para ele sem regarem a terra [...]." (Para referências semelhantes, veja Jó 36:27 e Salmos 135:7).

Encontramos outra ilustração na ciência da geologia. Os geólogos falam sobre um estado chamado *isostasia*, que pode ser usado para descrever o equilíbrio da terra em sua órbita pelo espaço. A ideia por trás do conceito da isostasia é, basicamente, que são necessárias pessoas iguais para suportar pesos iguais. A massa da terra precisa ser equilibrada por uma massa igual de água. Para que a terra consiga preservar sua estabilidade em sua órbita, ela precisa estar também em perfeito equilíbrio. No entanto, os cientistas não descobriram nada que fosse totalmente novo ou desconhecido à Bíblia. O profeta Isaías já disse que Deus "mediu as águas na concha da mão" e que ele "calculou o peso da terra e pesou os montes na balança e as colinas nos seus pratos" (Isaías 40:12).

Você pode encontrar muitos outros exemplos de como a Bíblia se mostra à altura das descobertas da ciência moderna.[1] Evidentemente, não encontramos a linguagem precisa da ciência na Bíblia, e há um bom motivo para isso. Deus escreveu a Bíblia para os seres humanos de todas as eras, e, apesar de jamais contradizer a ciência, a Palavra de Deus nunca cai na armadilha de descrever alguma teoria científica que possa ser ultrapassada em alguns anos, décadas ou séculos. Já muito antes do nascimento da ciência moderna, Agostinho deu um excelente conselho aos cristãos quando disse: "Jamais devemos nos apressar em acatar esta ou aquela opinião, pois sempre existe a possibilidade de que um ponto de vista adotado apressadamente se revele como errado, e se a nossa fé depender dessa visão, ela também pode parecer falsa. E estaremos defendendo nossa própria opinião, não as doutrinas das Escrituras."[2]

Uma terceira área significativa que vem provando a acurácia da Bíblia é a arqueologia. William F. Albright, reconhecido no mundo inteiro como o mais destacado arqueólogo americano do século XX nas terras bíblicas, afirma que existem poucas dúvidas de que a arqueologia tem confirmado a acurácia histórica da tradição veterotestamentária.[3]

A alta crítica, por exemplo, questionava a descrição bíblica das riquezas do rei Salomão. No entanto, entre 1925 e 1934, o arqueólogo Henry Breasted escavou os resquícios de uma das "cidades de carruagens" de Salomão em Megido, no norte da Palestina. Breasted encontrou estábulos capazes de abrigar 400 cavalos, encontrou também as ruínas de barracas dos batalhões de Salomão, que vigiavam uma estrada estratégica em Megido. Nelson Glueck, outro arqueólogo, encontrou os destroços de uma enorme refinaria de cobre e ferro, dois metais que Salomão usou para negociar ouro, prata e marfim (veja 1Reis 9:28; 10:22).[4]

Os críticos duvidaram também da existência dos hititas, um povo que a Bíblia menciona umas 40 vezes. O arqueólogo Hugh Winckler escavou a capital hitita de Boghaz-Koi e recuperou milhares de textos hititas, entre eles o famoso código hitita.[5]

Outros exemplos de como a arqueologia confirma a autoria da Bíblia poderiam encher este livro e dezenas de outros.[6] A arqueologia nos ajuda a reconhecer claramente que a nossa fé cristã se apoia em fatos (eventos reais), não em mitos ou histórias.

Talvez o argumento mais forte em prol da veracidade das Escrituras venha das profecias bíblicas cumpridas. Peter W. Stoner, um cientista e matemático, utilizou o que ele chamou de "princípio da probabilidade". Esse princípio afirma que, se a probabilidade de algo acontecer é de uma em M, e se a probabilidade de outra coisa acontecer é uma em N, a probabilidade de ambas as coisas acontecerem é M x N. Essa equação é usada para determinar taxas de seguro nos Estados Unidos. Stoner pediu a 600 de seus alunos que aplicassem o princípio da probabilidade à profecia bíblica da destruição de Tiro (veja Ezequiel 26:3-16), que prevê sete eventos distintos:

1. A conquista da cidade por Nabucodonosor.
2. A ajuda de outras nações na realização da profecia.
3. O aplainamento total de Tiro (tornar-se-ia plana como a superfície de uma rocha).
4. A transformação da cidade em um lugar em que os pescadores lançariam suas redes.
5. As pedras e madeiras de Tiro seriam lançadas na água.
6. Outras cidades teriam grande temor por causa da queda de Tiro.
7. A velha cidade de Tiro jamais seria reconstruída.

Usando o princípio da probabilidade de modo conservador, os estudantes estimaram que as chances de todos os sete eventos ocorrerem como descritos era de uma em 400 milhões, no entanto, *todos os sete se realizaram.* Os alunos de Stoner fizeram um estudo semelhante sobre a profecia que prediz a queda de Babilônia (veja Isaías 13:19). Avaliaram as chances de as profecias da Babilônia ocorrerem em uma em 100 bilhões, mas tudo aconteceu como previsto.[7]

A profecia bíblica anuncia os eventos do futuro com uma acurácia que ultrapassa em muito a capacidade da sabedoria humana. A despeito da improbabilidade astronômica, centenas de profecias bíblicas se realizaram, e elas são o argumento mais objetivo em prol da autoridade da Bíblia.

Além de argumentos e provas

Apesar de existirem muitos argumentos sólidos que defendem a autoridade das Escrituras, nenhum deles serve muito se alguém não quer ser convencido. Martyn Lloyd-Jones, o extraordinário estudioso inglês citado extensamente no primeiro capítulo, ressalta: "No fim das contas, essa questão da autoridade das Escrituras é uma questão de fé, não de argumentos [...], você pode convencer um homem intelectualmente daquilo que você está dizendo, mesmo assim ele pode não sentir a necessidade de acreditar e aceitar a autoridade das Escrituras."[8]

Na verdade, existe um único argumento capaz de provar que a Bíblia é verdadeira e autoritativa em nossas vidas: a obra do Espírito Santo em nosso coração e em nossa mente. Talvez o apóstolo Paulo tenha compreendido isso como nenhum outro, e não existe descrição mais clara da obra no coração do cristão do que 1Coríntios 2.

Paulo inicia o capítulo dizendo: "Eu mesmo, irmãos, quando estive entre vocês, não fui com discurso eloquente nem com muita sabedoria para lhes proclamar o mistério de Deus. Pois decidi nada saber entre vocês, a não ser Jesus Cristo, e este, crucificado. E foi com fraqueza, temor e com muito tremor que estive entre vocês. Minha mensagem e minha pregação não consistiram de palavras persuasivas de sabedoria, mas consistiram de demonstração do poder do Espírito, para que a fé que vocês têm não se baseasse na sabedoria humana, mas no poder de Deus." (versículos 1-5).

Paulo ressaltou que veio aos coríntios com nada além do simples evangelho. O evangelho não precisa do acréscimo de filosofias ou sabedoria humanas. Deus não precisa da razão ou da inovação do homem. Em todos os seus aspectos, o evangelho é realmente muito simples. Na verdade, ele parece tão simples ao mundo que chega a parecer tolice. Em 1Coríntios 1:18, Paulo escreve: "Pois a mensagem da cruz é loucura para os que estão perecendo." E acontecia exatamente isso com os sofisticados coríntios, que, assim como seus vizinhos na cidade próxima de Atenas, sempre estavam buscando alguma nova teoria ou alguma nova e incrível filosofia.

O que eles disseram foi: "Paulo, você está delirando. Você realmente espera que intelectuais como nós, com toda a nossa sabedoria e educação, acreditemos que, em algum momento e em algum lugar, um sujeito morreu na cruz e que isso foi o momento decisivo da história humana?" As pessoas diziam basicamente o mesmo hoje em dia: "A Bíblia? É um livro para criancinhas e idosos, não é? Nenhuma pessoa inteligente acreditaria nisso. Você não consegue me enganar." Ouvi muitas pessoas dizerem coisas assim. E Paulo concorda com elas. Em termos da "sabedoria humana", a Bíblia certamente parece um monte de loucura.

Mas Paulo não está falando sobre sabedoria humana ou secular. Os cristãos são as únicas pessoas que podem entender essa sabedoria citada por Paulo. É a sabedoria de Deus, que se abre apenas para as mentes de quem acredita em Cristo como

A sabedoria verdadeira não é descoberta por via humana

Quando converso com as pessoas, ouço muitas opiniões sobre Deus: "Acho que Deus é..."; "Em minha opinião, Deus é..." Todos nós temos direito à nossa opinião, mas o que nós pensamos sobre Deus não nos ajuda muito quando queremos realmente conhecê-lo. Não podemos conhecer Deus por esforço próprio, por mais que tentemos. Não podemos escapar dos limites da existência natural, entrar na dimensão do sobrenatural e depois voltar e contar para o mundo inteiro o que descobrimos sobre Deus. Não conseguimos deixar esse mundo natural. Estamos presos aqui, incapazes de conhecer Deus por esforço próprio.

É comum ouvir dos cristãos testemunhos como "eu encontrei o Senhor..." Mas o Senhor não estava perdido. Nós estávamos perdidos, e foi ele quem nos encontrou. Ele teve de vir e nos encontrar, porque nós não somos capazes de transcender nosso sistema natural. É por isso que Paulo diz em 1Coríntios 2:6 que a sabedoria dessa era é "reduzida a nada". Paulo tem em mente os filósofos que vão e vêm, sempre argumentando e mudando seus pontos de vista. Apesar de a filosofia ter feito contribuições ao longo das eras, houve sempre muita contradição e até mesmo instabilidade. Como disse um professor de filosofia à sua turma: "A filosofia não produz pão."

Paulo está falando de um tipo totalmente diferente de sabedoria. Ele ensina "o mistério que estava oculto, o qual Deus preordenou, antes do princípio das eras, para a nossa glória"

(1Coríntios 2:7). Antes do princípio, Deus tinha um plano de salvação maravilhoso, e ele o ocultou. Então, em Cristo e no Novo Testamento, todos esses mistérios foram revelados. Evidentemente, era Deus quem precisava revelar o mistério, pois os brilhantes "senhores desta era" não o entendiam. Se o tivessem entendido, não teriam "crucificado o Senhor da glória" (1Coríntios 2:8). Os senhores desta era a quem Paulo faz referência eram os líderes judeus e romanos. Eles não conheciam Deus e não conheciam a verdade. Se os tivessem conhecido, jamais teriam crucificado Cristo. Todos os romanos brilhantes e todos aqueles saduceus e fariseus eruditos, todos aqueles educados nos ensinamentos do Antigo Testamento, todos eles crucificaram Cristo.

Então, Paulo cita Isaías e diz: "Olho nenhum viu, ouvido nenhum ouviu, mente nenhuma imaginou o que Deus preparou para aqueles que o amam" (1Coríntios 2:9). A despeito de todas as suas buscas pela verdade, o mundo não consegue saber o que está acontecendo. Existem apenas duas maneiras de chegar à verdade em termos humanos. Uma é a maneira objetiva; a outra, a subjetiva. Uma recorre ao método experimental empírico; a outra, ao método da razão ou lógica. Quando Paulo fala que "olho nenhum viu" ou que "ouvido nenhum ouviu", ele está falando sobre o método experimental empírico. Deus não pode ser observado externamente. Não podemos ver Deus nem ouvi-lo. Não podemos colocá-lo em provetas ou sob o microscópio.

A outra maneira pela qual os homens chegam às suas conclusões é por meio de seu próprio raciocínio – o racionalismo. E é por isso que Paulo continua, dizendo que nenhuma mente imaginou o que Deus preparou. A sabedoria humana não pode conhecer Deus por meio do estudo de fatos objetivos e não pode conhecê-lo internamente por meio de um processo de raciocínio subjetivo. O mundo se encontra num estado sem esperanças, mas Deus tem um plano maravilhoso. O segredo de conhecer Deus é amá-lo por meio de Jesus Cristo. A mente humana não descobre Deus. Deus se revelou à mente humana em Cristo.

A verdadeira sabedoria é revelada pelo Espírito Santo

Quando estava no ensino médio, visitei uma garota que respirava por um pulmão de aço, uma máquina criada para exercer pressão na caixa torácica, forçando a entrada do ar. Felizmente, graças à vacina de Salk, a poliomielite foi controlada, e os pulmões de aço já não são mais tão necessários quanto antigamente. É terrível ver alguém num pulmão de aço – uma caixa semelhante a um caixão com tubos, manivelas e indicadores –, não é uma visão agradável. Essa garota adorável precisava ficar nesse pulmão de aço o tempo todo. Tudo precisava ser levado até ela. Ela não podia ir para lugar algum.

De certa forma, o pulmão de aço é uma ilustração perfeita para a posição do homem natural. Em termos espirituais, ele respira pelo pulmão de aço de sua própria capacidade. Se qualquer sabedoria ou verdade sobre Deus vier até ele, ela terá de ser trazida de fora até o homem. Em seu estado natural, o homem não pode ir a lugar algum.

E é essa a mensagem de Paulo aqui em 1Coríntios 2. O Espírito Santo invadiu o pulmão de aço do homem com a verdade. Quando o Espírito Santo revela a sabedoria verdadeira, podemos discernir três elementos: a revelação, a inspiração e a elucidação.

Revelação significa o desvelamento de algo que até então estivera escondido, de algo que até então estivera velado. O Espírito Santo é o agente que revela a sabedoria de Deus ao cristão enquanto "sonda todas as coisas, até mesmo as coisas mais profundas de Deus" (1Coríntios 2:10). Não há agente mais qualificado do que ele. Como observa Paulo, ninguém conhece melhor os pensamentos do homem do que "o espírito do homem que nele está". E "da mesma forma, ninguém conhece as coisas de Deus, a não ser o Espírito de Deus." (1Coríntios 2:11).

Inspiração é o passo seguinte no processo. Inspiração é o método por meio do qual o Espírito entrega a revelação de Deus. Paulo diz que nós (os apóstolos) "falamos, não com palavras ensinadas pela sabedoria humana, mas com palavras ensinadas pelo Espírito, interpretando verdades espirituais para os que são espirituais" (1Coríntios 2:13).

Observe que, quando Paulo usa a palavra "nós", ele não se refere a todos os cristãos. Refere-se antes aos apóstolos e aos outros autores das Escrituras. Você e eu recebemos a verdade espiritual por meio de seus escritos; aqui, Paulo está falando sobre sua própria experiência, sobre como ele e os outros apóstolos receberam as verdades espirituais diretamente do Espírito.

A referência de Paulo a como os apóstolos receberam as palavras ensinadas diretamente pelo Espírito coincide com o ensinamento em João 14:26, onde Jesus diz aos discípulos: "Mas o Conselheiro, o Espírito Santo, que o Pai enviará em meu nome, lhes ensinará todas as coisas e lhes fará lembrar tudo o que eu lhes disse." A promessa de Jesus não se dirige de início a todos os cristãos de todos os tempos. Foi dada àqueles que escreveriam o Novo Testamento. Foi muitos dos discípulos, que mais tarde se tornariam apóstolos, que Deus deu o poder de lembrar as palavras de Cristo e tudo que ele fez. E como ele lhes deu esse poder? Por meio da inspiração.

Quando Paulo começou a escrever a primeira carta aos Coríntios, o Espírito de Deus assumiu o controle sobre ele. O Espírito de Deus ditou à mente de Paulo o que Deus queria que fosse dito, e então Paulo usou seu próprio vocabulário e sua própria experiência para escrever as Escrituras. A Bíblia não é só a Palavra de Deus, são as *palavras* de Deus. (Maiores detalhes sobre a inspiração nos capítulos 3 e 4.)

Revelação e inspiração são apenas dois passos na obra do Espírito como é descrita aqui em 1Coríntios 2. Talvez a parte mais importante seja o terceiro passo – a *elucidação*. Muitas pessoas têm uma Bíblia, mas não sabem realmente o que nela está contido. Outros descobrem doutrinas estranhas e interessantes que não são ensinadas pela Bíblia. A proteção contra o uso indevido do conteúdo da Bíblia é a elucidação pelo Espírito Santo. É disso que Paulo fala quando escreve em 1Coríntios 2:14: "Quem não tem o Espírito não aceita as coisas que vêm do Espírito de Deus, pois lhe são loucura; e não é capaz de entendê-las, porque elas são discernidas espiritualmente."

Não importa quão religioso o homem natural possa ser, ele não pode compreender a mensagem real das Escrituras. Não consegue sair de seu pulmão de aço. E mais, alguém tirou o fio da tomada! Sob o ponto de vista espiritual, ele está morto. Em Salmos 119:18, o salmista faz uma linda oração: "Abre os meus olhos para que eu veja as maravilhas da tua lei." Deus não nos deu apenas a lei (as Escrituras). Ele precisa também abrir os olhos do nosso entendimento, e ele o faz por meio do Espírito que ilumina nossas mentes. A verdade está disponível, mas apenas àqueles que foram iluminados a compreenderão.

O homem natural pode ser capaz de ler a revelação inspirada de Deus, mas sem a iluminação do Espírito Santo, ela não fará sentido para ele. Assim como um homem cego não consegue ver o sol, o homem natural não consegue ver o Filho da Justiça. Assim como o homem surdo não consegue ouvir a doce música, o homem natural não consegue apreciar a doce canção da salvação. Como disse Martinho Lutero: "O homem é como a esposa de Ló – uma coluna de sal. É como um tronco ou uma pedra. É como uma estátua sem vida que não usa nem olhos nem boca, nem sente em seu coração, a não ser que seja iluminado, convertido e regenerado pelo Espírito Santo."

O homem espiritual, por sua vez, "discerne todas as coisas, e ele mesmo por ninguém é discernido; pois 'quem conheceu a mente do Senhor para que possa instruí-lo?'" (1Coríntios 2:15,16).

Esse versículo nos apresenta uma responsabilidade enorme e pesada. O Espírito Santo, que habita em nós, é o nosso professor da verdade. O ponto de referência de Deus está dentro de nós, e, num sentido espiritual, não podemos ser julgados por ninguém. O mundo pode rir do cristão, zombar dele, chamá-lo de louco e, em algumas partes deste mundo, até matá-lo. Mas ninguém pode julgar o homem espiritual (o cristão que tem o Espírito Santo de Cristo), pois isso significaria julgar o próprio Senhor.

No entanto, o cristão não deve abusar de seu estado espiritual. Ele precisa ter o cuidado de jamais pensar que sabe tudo, porque, obviamente, existem muitas áreas naturais em que ele precisa de conselhos, ajuda, correção e até julgamento. Mas na área espiritual, Paulo diz claramente que o cristão não é julgado por nenhum homem.

Resumindo

Embora os cristãos possam apresentar bons argumentos baseados em experiência pessoal, ciência, arqueologia e profecia, eles jamais poderão "provar" definitivamente que a Bíblia é verdade e poder. Mesmo assim, eles sabem que a Bíblia é verdadeira por causa do professor da verdade que habita neles – o Espírito Santo. O Espírito Santo é o único que pode provar que a Palavra de Deus é verdadeira, e ele o faz operando no coração e na mente dos cristãos nos quais habita.

Algumas perguntas pessoais

1. Para mim, o argumento mais convincente em prol da autoridade das Escrituras é (escolha):

   + Minha própria experiência pessoal.

   + O fato de que a Bíblia concorda com os princípios científicos.

   + A profecia cumprida.

   + A descoberta de evidências arqueológicas.

   _____

   _____

2. Como o testemunho do Espírito Santo confirma os argumentos apresentados na pergunta 1?

   _____

   _____

   _____

3. A verdade principal que encontrei nas palavras de Deus em 1Coríntios 2 é:

_____

_____

_____

4. Se a autoridade das Escrituras é uma questão de fé e não de argumento, como respondo a um mundo que não tem valores bíblicos?

_____

_____

_____

Versículos-chave para lembrar

Quem não tem o Espírito não aceita as coisas que vêm do Espírito de Deus, pois lhe são loucura; e não é capaz de entendê-las, porque elas são discernidas espiritualmente.

1CORÍNTIOS 2:14

Pois a mensagem da cruz é loucura para os que estão perecendo, mas para nós, que estamos sendo salvos, é o poder de Deus.

1CORÍNTIOS 1:18

3

Como Deus inspirou sua Palavra?

Alguma vez você já viu um atleta ou um músico fazer uma "apresentação inspirada"? Alguma vez você já ouviu seu pastor pregar o que poderia ser chamado de "sermão inspirado"? A maioria de nós já usou a palavra "inspirado" dessa forma, mas, no fundo, pode-se questionar esse tipo de terminologia. Se as pessoas fazem apresentações inspiradas ou pregam sermões inspirados, qual é a diferença entre tudo isso e aquilo que chamamos de Escrituras inspiradas?

Talvez você ache que estou exagerando ou sendo detalhista demais, e talvez eu esteja sendo, mas por uma razão muito simples. Com a autoridade das Escrituras sendo atacada de todos os lados como nunca antes, é importante que o cristão entenda a definição bíblica de "inspirado". No Novo Testamento, o termo "inspiração" é reservado exclusivamente para a Palavra de Deus. A Bíblia foi escrita por homens especiais, sob condições especiais, e o cânone está fechado. Não há hinos, livros, visões, poemas, sermões inspirados hoje em dia. (Para mais informações sobre o cânone das Escrituras, veja o capítulo 5.)

Mas a fim de entendermos a diferença entre inspiração bíblica e a maneira um tanto casual em que chamamos algo de "inspirado" hoje em dia, precisamos analisar de perto o que as Escrituras têm a dizer. Inspiração está intimamente vinculada a outro termo - "revelação". Revelação é Deus revelando a si mesmo e a sua vontade. Inspiração é a forma como ele o fez. Para revelar-se a si mesmo, Deus usou seres humanos que escreveram o Antigo e o Novo Testamento a fim de fixar em palavras precisas e autoritativas a mensagem que Deus quis nos transmitir. Antes, porém, vejamos alguns conceitos errados de inspiração bíblica.

O que a inspiração não é

A fim de chegarmos a uma definição correta da inspiração bíblica, precisamos analisar primeiro alguns conceitos equivocados que as pessoas têm quando falam sobre a inspiração das Escrituras.

Em primeiro lugar, *inspiração não é algum nível elevado de conquista humana*. Existem pessoas – especialmente certos teólogos – que afirmam que a Bíblia não é mais inspirada do que a *Odisseia* de Homero ou o *Hamlet* de Shakespeare. Em outras palavras, as pessoas que compuseram a Bíblia estavam apenas trabalhando num nível muito alto de genialidade. "Ah, sim", dizem esses advogados da inspiração natural, "a Bíblia está cheia de erros e certamente é falível em muitos pontos, mas no que diz respeito à sua ética, sua moral e aos seus conhecimentos sobre a humanidade, ela revela uma genialidade altíssima."

Essa visão exalta os autores humanos da Bíblia, mas nega que Deus esteve envolvido em sua autoria. Nesse ponto de vista, quem escreveu a Bíblia não foi Deus, foram homens inteligentes.

É uma visão intrigante, mas ela pode ser derrubada facilmente. Homens inteligentes não escreveriam um livro autocondenatório. Homens inteligentes não escreveriam um livro que fornecesse salvação vinda de fora. Homens inteligentes querem encontrar sua própria salvação; não querem ter de confiar num sacrifício perfeito realizado pelo Filho de Deus. E outra coisa: Mesmo o mais inteligente homem jamais conseguiria conceber uma personalidade como Jesus Cristo. Nem mesmo o poeta mais talentoso seria capaz de inventar um personagem que transcendesse todos os seres humanos em termos de pureza, amor, justiça e perfeição.

Em segundo lugar, *inspiração não é uma questão de Deus trabalhando apenas por meio dos pensamentos dos escritores*. Existem alguns teólogos, pregadores e outros estudiosos bíblicos que ensinam a inspiração intelectual ou conceitual. Em outras palavras, dizem que Deus nunca deu aos autores as palavras exatas que deveriam escrever. Deus lhes deu ideias gerais, e eles então anotaram essas ideias em suas próprias palavras. Por exemplo: Deus plantou o conceito do amor na mente de Paulo e, certo dia, Paulo se sentou e redigiu 1Coríntios 13.

A visão da inspiração intelectual ou conceitual alega que Deus sugeriu uma tendência geral da revelação, mas os homens tinham a liberdade de dizer o que queriam dizer, e é por isso que (na opinião daqueles que defendem essa posição) existem tantos erros na Bíblia. Essa visão nega a inspiração verbal. Nega que Deus inspirou cada palavra das Escrituras. A visão da interpretação intelectual ou conceitual tem sido defendida pelos teólogos neo-ortodoxos (que acreditam que a Bíblia *contém* a Palavra de Deus, mas não *é* a Palavra de Deus).

Entretanto, como já vimos em 1Coríntios 2:13, Paulo deixou claro que ele falava "não com *palavras* ensinadas pela sabedoria humana, mas com *palavras* ensinadas pelo Espírito, interpretando verdades espirituais para os que são espirituais" (grifos meus). Em João 17:8, Jesus disse: "Pois eu lhes transmiti as palavras que me deste, e eles as aceitaram."

Deus se comunica com palavras. Deus não disse a Moisés, quando o chamou de seu esconderijo no deserto para tirar os israelitas do Egito: "Eu inspirarei seus pensamentos. Eu estarei em sua mente e lhe direi o que deve pensar." Não. Deus disse: "Eu estarei com você, ensinando-lhe o que dizer" (Êxodo 4:12). Em Mateus 24:35, Jesus disse: "O céu e a terra passarão, mas as minhas palavras jamais passarão." Deus é o autor de cada palavra da Bíblia. Essa é uma das razões pelas quais, na minha pregação e no meu ensino, eu faço questão de explicar os pronomes, as preposições e até mesmo as pequenas conjunções. Todos esses "pormenores" contêm, muitas vezes, implicações profundas e verdade espirituais.

Não podemos ter geologia sem rochas ou antropologia sem homens. Não podemos ter uma melodia sem notas musicais, tampouco podemos ter um registro de Deus sem suas palavras. Pensamentos são transmitidos por palavras, e Deus revelou seus pensamentos por meio de palavras. Cada palavra das Escrituras é inspirada. As Escrituras são inspiração verbal.

Os teólogos usam o termo "inspiração verbal plenária" para declarar claramente que *todas* (plenária) as *palavras* (verbal) das Escrituras são inspiradas, não apenas algumas delas. E isso nos leva ao próximo ponto.

Em terceiro lugar, *inspiração não é o ato de Deus sobre o leitor das Escrituras.* Alguns teólogos de hoje ensinam o que eu chamo de "inspiração existencial". Em outras palavras, a única parte da Bíblia que é inspirada é a parte que toca e comove o leitor.

Você lê uma passagem e, de repente, "se arrepia". Quando isso acontece, essa passagem está inspirada — para você. Porém, dizem esses teólogos, a Bíblia como um todo não é inspirada. Para estes, os autores da Bíblia não registraram a revelação de Deus. *Eles registraram um testemunho sobre a revelação de Deus em sua própria vida.* Tudo isso significa que, no fundo, a Bíblia não tem autoridade. Não é a Palavra de Deus; simplesmente "contém a palavra de Deus". Se você perguntar a qualquer um desses teólogos: "Como é que a Bíblia se tornou inspirada para você?", ele dirá: "Bem..." e então lhe apresentaria sua explicação de sua "experiência particular" ou de seu "salto na fé". Se você insistir que ele defina exatamente o que é uma experiência particular ou um salto na fé, ele dirá que isso não pode ser definido; é simplesmente um acontecimento existencial.

Existem ainda outros teólogos que querem desmitificar a Bíblia. Em outras palavras, querem livrar-se dos mitos que eles acreditam estar contidos na Bíblia. Negam a realidade de fatos bíblicos como a pré-existência de Cristo, o nascimento virginal, a deidade de Jesus, seus milagres, sua morte expiatória, sua ressurreição, sua ascensão, sua segunda vinda e o juízo final. Tiram tudo isso da Bíblia e alegam que, em termos históricos, nenhuma dessas informações é verdadeira. Mas sustentam que, em termos espirituais e existenciais, a Bíblia é verdadeira se ela conseguir fazê-lo ficar arrepiado.

Talvez nada disso faça muito sentido para você. Não faz muito sentido para mim. Se a Bíblia está repleta de mentiras do início ao fim, por que eu a abriria em busca da verdade espiritual? Parece-me que, se Deus quisesse que eu confiasse no caráter espiritual da Bíblia, ele garantiria que o caráter histórico e factual da Bíblia confirmasse suas verdades espirituais.

Algumas pessoas se recusam a acreditar que Deus fez o milagre de nos dar, por meio da inspiração, uma Bíblia infalível; mas essas mesmas pessoas estão dispostas a acreditar que Deus realiza diariamente o milagre ainda maior de capacitá-las a encontrar e reconhecer numa palavra falível do homem a infalível Palavra de Deus. Søren Kierkegaard – que, segundo alguns, foi o pai do movimento existencialista – escreveu: "Apenas a verdade que te edifica é verdade." Discordo plenamente. Como você pode ter uma experiência divinamente correta por meio de um livro errado? Se a Bíblia está repleta de mentiras em outras áreas, por que eu acreditaria em suas alegações e declarações espirituais? Jesus disse em João 17: "Tua palavra é verdade" (versículo 17). A verdade é a verdade, e algo errado não se torna verdadeiro simplesmente porque alguém decide que está se sentindo inspirado. Dr. Donald Grey Barnhouse, um dos mais importantes professores da Bíblia do século 20 e fundador da revista *Eternity*, disse-o bem: "Se a Bíblia é apenas a obra de homens, jamais podemos nos apoiar nela espiritualmente."[1]

Em quarto lugar, *a Bíblia não é o produto de um ditado mecânico*. Os teólogos liberais e neo-ortodoxos gostam de zombar do estudioso fundamentalista conservador, e afirmam que este ensina que a Bíblia foi ditada por meio de algum método mecânico. Nessa acepção, os autores da Bíblia não eram escritores; eram secretários, robôs espirituais que simplesmente anotavam o que Deus ditava literalmente em seus ouvidos.

Mas obviamente não foi isso que aconteceu. O argumento-chave contra o ditado mecânico é que, em cada livro da Bíblia, encontramos a personalidade do autor. Cada livro tem um caráter e modo de se expressar diferente. Cada autor tem um estilo diferente. Sim, acredito que Deus poderia ter usado o ditado e nos dado a verdade dessa forma. Na verdade, nem precisaria ter usado o homem. Ele poderia simplesmente ter jogado tudo na terra na forma de placas de ouro (como os mórmons alegam ter acontecido com seu *Livro dos Mórmons*). Não sei por que Deus usou o homem. Mas ele o fez. Existem variações estilísticas na escrita bíblica. Existem variações em termos de língua e vocabulário. Cada autor apresenta uma personalidade diferente, e você pode até sentir suas emoções enquanto anotavam a Palavra de Deus.

Mesmo assim, resta-nos a pergunta: Como a Bíblia pode representar as palavras de homens como Pedro e Paulo e, ao mesmo tempo, ser a palavra de Deus? Parte da resposta a essa pergunta complexa é *simplesmente que Deus transformara Paulo e Pedro e os outros autores das Escrituras nos homens que ele queria que eles fossem.*

Deus formou as personalidades dos autores das Escrituras, transformando-os em homens segundo os desejos dele. Ele controlava sua descendência e seus ambientes. Ele controlava suas vidas, dando-lhes ao mesmo tempo liberdade de escolha e vontade, mas transformando-os nos homens que ele desejava que eles fossem. E quando esses homens haviam se transformado naquilo que ele desejava que fossem, ele os dirigiu e controlou sua escolha livre de palavras para que eles escrevessem as exatas palavras de Deus.

Deus os transformou no tipo de homens que ele pudesse usar para expressar sua verdade e, então, Deus literalmente selecionou as palavras que existiam em suas vidas e personalidades, em seus vocabulários e emoções. As palavras eram as palavras deles, mas na verdade suas vidas haviam sido moldadas de tal forma por Deus que suas palavras eram também as palavras de Deus. É, portanto, possível afirmar que Paulo escreveu o livro de Romanos e, ao mesmo tempo, afirmar que Deus o escreveu estando certo em ambos os pontos.

Vimos quatro visões incorretas de inspiração; qual é a visão correta? As Escrituras fornecem muitas informações sobre essa questão.

O que a inspiração é

Duas passagens bíblicas – 2Timóteo 3:16 e 2Pedro 1:20,21 – nos dizem o que é inspiração realmente. Muitas versões de 2Timóteo 3:16 afirmam: "Toda Escritura é dada por meio da *inspiração* de Deus." A tradução mais precisa do versículo, porém, é: "Toda Escritura é respirada por Deus." A expressão grega usada aqui é *pasa grafe theopneustos*. Analisemos mais de perto o significado destas três palavras cruciais.

Theopneustos é uma combinação das palavras gregas *theos* (Deus) e *pneu* (sopro, respiração). As nossas palavras "pneumático" e "pneumonia" derivam da raiz grega *pneu*. *Theopneustos* significa literalmente "respirado, soprado por Deus". A chave para entender o conceito de "respirado por Deus" está no Antigo Testamento. Lemos em Salmos 33:6: "Mediante a palavra do Senhor foram feitos os céus, e os corpos celestes, pelo sopro de sua boca." Em outras palavras, Deus deu existência ao universo por meio de seu sopro. Da mesma forma, Deus deu existência à sua Palavra, a Bíblia. Quando a Bíblia fala, é Deus quem fala. Romanos 3:2 nos diz que as Escrituras são respostas, "as próprias palavras" de Deus. Quando Deus chamou Samuel, Samuel respondeu: "Fala, pois o teu servo está ouvindo" (1Samuel 3:10). Alguns versículos mais adiante, lemos: "O Senhor estava com Samuel enquanto este crescia, e fazia com que todas as suas palavras se cumprissem" (1Samuel 3:19). Como primeiro de uma longa linhagem de profetas de Deus, Samuel teve todo o cuidado para não negligenciar nenhuma palavra que Deus lhe dera.

No primeiro capítulo de Jeremias, o profeta escreve: "A palavra do Senhor veio a mim, dizendo: 'Antes de formá-lo no ventre eu o escolhi; antes de você nascer, eu o separei e o designei profeta às nações'" (vv. 4, 5). Alguns versículos depois, Jeremias relata: "O Senhor estendeu a mão, tocou a minha boca e disse-me: 'Agora ponho em sua boca as minhas palavras'" (v. 9). Deus sempre operou por meio de palavras, não só por meio de pensamentos. Ele colocou suas palavras nas bocas dos escritores da Bíblia.

O segundo ponto de 2Timóteo 3:16 diz respeito ao *quanto* das Escrituras é soprado por Deus. Paulo usa a palavra grega *pasa*, que pode ser traduzida como "tudo" ou "cada". Paulo está dizendo que toda, em cada detalhe, a Escritura é inspirada.

Um argumento usado pelos críticos da Bíblia é que 2Timóteo 3:16 só pode se referir ao Antigo Testamento, porque era tudo que Paulo tinha na época. O cânone oficial do Novo Testamento só foi aprovado pela igreja organizada no século 4.[2] Isso, porém, não afeta o fato da inspiração do Novo Testamento. O que Deus inspirou, ele inspirou (inclusive 2Timóteo 3:16). James Packer diz: "A igreja não nos deu o cânone do Novo Testamento, tão pouco quanto Isaac Newton nos deu a gravidade. Deus nos deu a gravidade, por meio da obra da criação, e semelhantemente ele nos deu o cânone do Novo Testamento, inspirando os livros individuais que o compõem."[3]

Dr. William Hendriksen acrescenta: "Mesmo que a história do reconhecimento, da revisão e ratificação do cânone tenha sido um tanto complicada [...] o que deve ser ressaltado [...] é que esses livros constituem a Bíblia inspirada não porque a igreja, em determinada data do passado distante, tomou uma decisão oficial (a decisão do Concílio de Hipona, em 393 d.C; de Cartago, em 397 d.C.); pelo contrário, os 66 livros, por meio de seu conteúdo, falam imediatamente aos corações de todos os homens nos quais habita o Espírito, revelando-se como respostas vivas de Deus."[4] A igreja apenas reconheceu essa realidade.

O que tudo isso tem a ver com o que Paulo disse em 2 Timóteo 3:16? Apenas isto: Dizer que todas as Escrituras são sopradas por Deus não se refere apenas a textos passados. Eu acredito que 2 Timóteo 3:16 se refere à Bíblia em sua totalidade – àquilo que foi escrito, àquilo que estava sendo escrito e àquilo que ainda viria a ser escrito.

No que diz respeito ao terceiro ponto de 2 Timóteo 3:16, precisamos perguntar: o que são as Escrituras? E aqui temos outra palavra grega – *graphe*. Essa é a palavra da qual deriva o nosso "grafite" – o material usado para fazer lápis. *Graphe* significa simplesmente "escrita". Será que Paulo quis dizer que todos os tipos de escrita eram inspirados? Obviamente não, e podemos voltar para 2 Timóteo 3:15 para ver o que ele quis dizer. Paulo diz a Timóteo: "Porque desde criança você conhece as sagradas letras, que são capazes de torná-lo sábio para a salvação mediante a fé em Cristo Jesus." Paulo está falando sobre as Escrituras Sagradas. Estas sim foram sopradas por Deus.

Em termos técnicos, os autores das Escrituras nunca são chamados de inspirados. Paulo faz referência aos seus *escritos* e diz que estes são soprados por Deus. Então, às vezes, quando dizemos que Paulo estava inspirado quando escreveu determinados livros da Bíblia, não estamos sendo tecnicamente corretos. Paulo não estava inspirado. A epístola aos Romanos é inspirada, como o são também as cartas aos Coríntios, aos Gálatas, aos Efésios etc. Os homens que escreveram as Escrituras não estavam inspirados; a mensagem é inspirada. Alguns escritores da

Bíblia escreveram apenas um livro ou uma carta sucinta e nunca escreveram qualquer outra coisa "inspirada" em toda sua vida.

Como Deus guiou os autores bíblicos?

Então qual era a condição em que um autor bíblico se encontrava no momento em que escreveu as Escrituras inspiradas? Qual era a diferença na forma como Paulo se sentia quando escreveu Romanos e todas as outras cartas e quando simplesmente anotava uma lista de compras para a próxima viagem missionária?

Encontramos a resposta no outro texto bíblico fundamental que se refere às Escrituras como inspiradas ou sopradas por Deus – 2Pedro 1:20,21. Aqui, lemos: "Antes de mais nada, saibam que nenhuma profecia da Escritura provém de interpretação pessoal, pois jamais a profecia teve origem na vontade humana, mas homens falaram da parte de Deus, impelidos pelo Espírito Santo." Pedro está dizendo que nenhuma parte das Escrituras era de origem pessoal. Nenhum texto bíblico originou--se simplesmente da mente de um homem. Havia uma condição especial para escrever as Escrituras, e Pedro se refere a ela como "impelido pelo Espírito Santo". (Devemos levar em conta que, quando Pedro menciona a "profecia da Escritura", ele não se refere apenas aos livros proféticos. Profecia tem um significado muito mais amplo – profecia é tanto proclamar quanto prever o futuro.)

Gordon R. Lewis, professor de teologia sistemática no Conservative Baptist Theological Seminary de Denver, Estados Unidos, escreve: "Os escritores humanos não eram robôs, mas viviam e se movimentavam e tinham sua existência no Senhor de tudo. Criados com uma capacidade de autotranscendência na imagem de Deus, eles podiam receber verdades imutáveis por meio da revelação. Providencialmente preparados por Deus em suas personalidades únicas, eles também tinham características comuns a todos os outros seres humanos em todos os tempos e culturas. Seu ensino, porém, não se originava em sua própria vontade, mas na vontade de Deus, que chegou a eles por meio de várias formas. Em todos os processos de escrita humana, o Espírito Santo os orientava sobrenaturalmente, não de forma mecânica ou por meio de relacionamentos indignos, mas como uma pessoa amorosa influencia a outra. O que, portanto, está escrito em linguagem humana, não é apenas humano, mas também divino. O que as sentenças humanas ensinam é ensinado por Deus."[5]

Resumindo

Inspiração das Escrituras *não* significa: 1) um alto nível de conquista humana; 2) apenas pensamentos ou conceitos gerais dados por Deus; 3) a ação de Deus no leitor; 4) o ditado registrado mecanicamente pelos autores.

Passagens-chave que nos dizem o que significa a inspiração das Escrituras são 2Timóteo 3:16 e 2Pedro 1:20,21. Em 2Timóteo 3:16, Paulo nos diz que todas as Escrituras são respiradas ou sopradas por Deus. Os escritos são inspirados, não os autores. Em 2Pedro 1:20,21, Pedro nos diz que os escritores eram impelidos pelo Espírito Santo enquanto escreviam. Nenhuma Escritura jamais saiu apenas da mente humana.

Então, o que é "inspiração"? Como Deus inspirou sua Palavra? Uma definição poderia ser: "Inspiração é a revelação de Deus que nos foi comunicada por meio de escritores que usaram suas próprias mentes, suas próprias palavras, mas Deus de tal forma organizou suas vidas e seus pensamentos e seus vocabulários que as palavras que eles escolheram eram as mesmas palavras que Deus determinara desde o passado eterno que eles usariam para escrever suas verdades."[6]

Algumas perguntas pessoais

1. Após ler este capítulo, eu diria que a doutrina da inspiração das Escrituras é (escolha uma opção):
   * um pouco importante
   * muito importante
   * crucial

   O motivo de minha escolha é:

   _____

   _____

   _____

2. Se a Bíblia não tiver algumas qualidades especiais que vão além de obras "humanamente inspiradas" como Shakespeare e Dante, quais são as implicações para a minha fé pessoal?

   _____

   _____

   _____

3. Se a Bíblia é inspirada apenas "quando ela fala comigo", isso significa que a autoridade da Bíblia é:

_____

_____

_____

4. A meu ver, a diferença entre o ditado mecânico e escritores "impelidos pelo Espírito Santo" é:

_____

_____

_____

Versículos-chave para lembrar

Toda a Escritura é inspirada por Deus e útil para o ensino, para a repreensão, para a correção e para a instrução na justiça.

2 TIMÓTEO 3:16

Pois jamais a profecia teve origem na vontade humana, mas homens falaram da parte de Deus, impelidos pelo Espírito Santo.

2 PEDRO 1:21

4

Qual era a opinião de Jesus sobre a Palavra de Deus?

É possível acreditar em Cristo sem acreditar na autoridade e na infalibilidade da Bíblia? Você pode tentar, mas isso o lançará num verdadeiro dilema. Por quê? Se você afirmar que acredita em Cristo, mas duvida da veracidade da Bíblia, você estará sendo inconsistente e até mesmo irracional. Cristo aceitou a Bíblia como verdadeira e autoritativa. Se você der a Cristo um lugar de honra e autoridade em sua vida, a fim de ser consistente, você precisa dar essa mesma honra e autoridade às Escrituras.

A deidade e a autoridade de Cristo

A despeito de sua falta de entendimento, os 12 discípulos entenderam definitivamente que seu Mestre era Deus em forma humana e, consequentemente, que sua palavra era autoritativa. Em reação aos outros que decidiram abandoná-lo, Cristo perguntou aos doze: "'Vocês também não querem ir?' Simão Pedro lhe respondeu: 'Senhor, para quem iremos? Tu tens as palavras

de vida eterna. Nós cremos e sabemos que és o Santo de Deus'"
(João 6:67-69).

Durante o ministério de João Batista nas proximidades do
Jordão, alguns de seus seguidores começaram a ter grandes expectativas sobre este profeta: "O povo estava em grande expec-
tativa, questionando em seu coração se acaso João não seria o
Cristo." (Lucas 3:15). João, não querendo que quaisquer equívocos sobre ele fossem disseminados, deu-lhes uma resposta
absoluta: "Eu os batizo com água. Mas virá alguém mais poderoso do que eu, tanto que não sou digno nem de desamarrar as
correias das suas sandálias. Ele os batizará com o Espírito Santo
e com fogo. Ele traz a pá em sua mão, a fim de limpar sua eira
e juntar o trigo em seu celeiro; mas queimará a palha com fogo
que nunca se apaga." (Lucas 3:16,17).

João corretamente entendia seu ministério como profeta e
precursor de Cristo, que teria a autoridade de decidir o destino
eterno de cada pessoa.

Deus, o Pai, confirma a autoridade de Cristo por meio de
dois eventos. Um ocorre durante o batismo do Senhor, quando uma voz vinda do céu disse a seu respeito: "Tu és meu filho
amado" (Lucas 3:22). O outro acontece na transfiguração, onde
o Pai diz: "Este é o meu Filho, o Escolhido; ouçam-no!" (Lucas
9:35).

Martyn Lloyd-Jones oferece uma paráfrase excelente desse
último versículo: "Em outras palavras, é este que devemos ouvir. Você está esperando por uma palavra. Você está esperando
por uma resposta às suas perguntas. Você está procurando uma
solução para seus problemas. Você tem consultado os filósofos;
você tem ouvido e tem se perguntado: 'Onde posso encontrar a
autoridade final?' Aqui está a resposta do céu, de Deus: 'Ouça-
-o.' Novamente, elegendo-o, apresentando-o como a última Pa-

lavra, como autoridade suprema, aquele ao qual devemos nos submeter, a quem devemos ouvir."[1] Jesus não hesitou em afirmar sua autoridade única em alguns ensinamentos bem definitivos. Como parte da série "Eu sou", Jesus informou seus discípulos que ele era o único pão da vida (veja João 6:35), a única água da vida (veja João 4:14; 7:37), a única luz do mundo (veja João 8:12), o único pastor verdadeiro (veja João 10:1-18), a vinha verdadeira (veja João 15:1-8) e o caminho, a verdade e a vida (veja João 14:6). O Sermão da Montanha nos oferece outra ilustração da autoridade com que Jesus falava. Lloyd-Jones escreve: "Precisamos lembrar que é essa característica, essa ênfase pessoal que o contrasta com os profetas. Aqueles profetas do Antigo Testamento eram homens poderosos. Eram grandes personalidades, mesmo sem serem usados por Deus nem serem ungidos pelo Espírito Santo. Mas nenhum deles, em momento algum, usou a primeira pessoa 'eu'. Todos eles diziam: 'Assim diz o Senhor.' Mas Jesus não se expressa dessa forma. Ele diz: '*Eu* lhes digo.' Ele se diferencia de todos os outros [...]. Toda sua ênfase está 'nessas *minhas* declarações'. Esta é sua reivindicação de autoridade final. E se for possível acrescentar algo a essa declaração, ele o fez quando disse: 'Os céus e a terra passarão, mas as minhas palavras jamais passarão.' Não há nada que transcenda isso."[2]

O resultado foi que "as multidões estavam maravilhadas com o seu ensino, porque ele as ensinava como quem tem autoridade, e não como os mestres da lei" (Mateus 7:28,29; veja também Marcos 1:22; Lucas 4:32). Enquanto as multidões estavam acostumadas com seus líderes que fundamentavam suas mensagens com referências a mestres do passado, Jesus confiou em sua própria autoridade. A pergunta dos hipócritas em Mateus 21:23 indica que reconheciam a autoridade de Jesus. De onde vinha essa autoridade? Jesus a reconheceu abertamente como vinda de Deus, seu Pai (veja Mateus 9:6, 8), que lhe deu plena autoridade: "Foi-me dada toda a autoridade nos céus e na terra." (Mateus 28:18).

Robert Lightner, professor no Dallas Theological Seminary, resume perfeitamente a origem da autoridade de Cristo: "Deus é a fonte desse tipo de autoridade, e por ser Deus, ele podia falar assim. Os autores dos Evangelhos deixam muito claro que a autoridade de Cristo vinha de Deus, seu Pai. Ele havia sido enviado pelo Pai para fazer a obra do Pai e para declarar as palavras do Pai. Ele cumpriu essa comissão por meio do poder e da autoridade do Pai (João 17:6-8)."[3]

Jesus duvidava do Antigo Testamento?

Como Jesus via as Escrituras de seu tempo, o Antigo Testamento? Ele as via como autoritativas? Em Mateus 23:35, ele, aparentemente, define o cânone hebraico como consistindo dos livros de Gênesis (Abel) a 2Crônicas do pós-exílio (Zacarias), que abarca todo o Antigo Testamento em termos de cronologia hebraica.

É importante observar também que Jesus nunca citou ou fez alusão a obras apócrifas. Por quê? O estudioso bíblico F. F. Bruce explica que os escritos apócrifos "não eram considerados canônicos pelos judeus nem da Palestina nem de Alexandria, e que nosso Senhor e seus apóstolos aceitavam o cânone judaico e confirmavam sua autoridade por meio do uso que faziam dele, enquanto não há qualquer evidência que mostre que eles consideravam a literatura apócrifa (ou pelo menos aquelas que circulavam em seu tempo) como tendo uma autoridade semelhante".[4]

Reconheço que isso é um argumento por omissão, mas mesmo assim é significativo que Jesus citou ou se referiu ao Antigo Testamento 64 vezes,[5] mas jamais mencionou qualquer outra fonte. Cristo mostrou que aprovava o Antigo Testamento de muitos e significativos modos."

Jesus reconheceu abertamente que todas as Escrituras apontavam para ele. Em João 5:39, por exemplo, Jesus disse aos líderes judeus: "Vocês estudam cuidadosamente as Escrituras, porque pensam que nelas vocês têm a vida eterna. E são as Escrituras que testemunham a meu respeito." Mais tarde, Jesus explicou aos dois discípulos na estrada de Emaús "o que constava a respeito dele em todas as Escrituras." (Lucas 24:27). Aos onze discípulos, ele disse: "Foi isso que eu lhes falei enquanto ainda estava com vocês: Era necessário que se cumprisse tudo o que a meu respeito está escrito na Lei de Moisés, nos Profetas e nos Salmos" (Lucas 24:44).

Cristo disse também que ele veio para cumprir toda a Escritura. Em Mateus 5:17, ele garantiu aos discípulos que ele não veio para abolir a Lei ou os Profetas, mas para cumpri-los. Evidência disso é que Jesus se submeteu aos ensinamentos do Antigo Testamento e corrigiu aqueles que o acusavam falsamente (veja Marcos 2:23-28). Jesus se via cumprindo as profecias do Antigo Testamento.[6] Em Mateus 26:24, Jesus disse que ele, o Filho do homem, seria traído "como está escrito". Alguns versículos depois, Jesus disse a Pedro sobre si mesmo que poderia convocar imediatamente 12 legiões de anjos para protegê-lo. No entanto, isso não estaria em acordo com o plano de Deus: "Como então se cumpririam as Escrituras que dizem que as coisas deveriam acontecer desta forma?" (Mateus 26:54). Em outras palavras, Jesus veio para cumprir as Escrituras. Sua visão das Escrituras era que todas elas falavam dele e que cada detalhe precisava ser cumprido.

Jesus comparou a duração das Escrituras à duração do universo. Ele disse: "É mais fácil os céus e a terra desaparecerem do que cair da Lei o menor traço." (Lucas 16:17). Assim "tudo o que está escrito pelos profetas acerca do Filho do homem se cumprirá." (Lucas 18:31).

Jesus confirmou também a historicidade e a validade das pessoas e dos eventos do Antigo Testamento. Por exemplo: "Vocês não leram que, no princípio, o Criador 'os fez homem e mulher' e disse: 'Por essa razão, o homem deixará pai e mãe e se unirá à sua mulher, e os dois se tornarão uma só carne'?" (Mateus 19:4,5).

Alguns têm tentado definir o relato do primeiro assassinato, em que Caim matou Abel, como alegoria – como ficção que ensina uma verdade espiritual. Mas Jesus, numa confrontação com os fariseus, disse: "Desde o sangue de Abel até o sangue de Zacarias, que foi morto entre o altar e o santuário. Sim, eu lhes digo, esta geração será considerada responsável por tudo isso" (Lucas 11:51).

Em outra ocasião, Ló e sua esposa foram citados por Jesus: "Mas no dia em que Ló saiu de Sodoma, choveu fogo e enxofre do céu e os destruiu a todos. [...] Lembrem-se da mulher de Ló!" (Lucas 17:29, 32).

Outra figura do Antigo Testamento que Jesus considerava histórica era Daniel: "Assim, quando vocês virem 'o sacrilégio terrível', do qual falou o profeta Daniel, no Lugar Santo — quem lê, entenda" (Mateus 24:15).

Ao longo dos anos, alguns têm negado a natureza histórica do dilúvio. Mas Jesus acreditava no dilúvio de Noé. Declarou: "Como foi nos dias de Noé, assim também será na vinda do Filho do homem. Pois nos dias anteriores ao Dilúvio, o povo vivia comendo e bebendo, casando-se e dando-se em casamento, até o dia em que Noé entrou na arca" (Mateus 24:37,38).

E existem muitos outros fatos no livro de Gênesis confirmados por Jesus, por exemplo, o chamado de Moisés (veja Marcos 12:26). Em João 6:31,32, ele falou sobre o maná que desceu do céu. Em João 3:14, ele se referiu à serpente erguida no deserto por meio da qual Israel foi curado. *Incansavelmente, Jesus concordava e confirmava a autoridade do registro do Antigo Testamento.*

E quanto à teoria da acomodação?

Antes de concluirmos nossa análise da visão que Cristo tinha das Escrituras, precisamos confrontar outra alegação feita por aqueles que desafiam a autoridade e a inerrância das Escrituras. Esse desafio envolve a ideia de que Jesus, talvez, adequou seu ensinamento às convicções do seu tempo. Essa teoria argumenta que Jesus adequou seu ensinamento a fim de comunicar verdades espirituais sem constranger o povo da Palestina, principalmente os líderes religiosos.

Segundo os estudiosos bíblicos Norman Geisler e William Nix, "sua teoria afirma que Jesus, em referência ao Antigo Testamento, adapta seu ensinamento aos preconceitos e às visões equivocadas de sua época. Afirma que ele não acreditava que Jonas *realmente* estava na 'baleia'. Alega que Jesus não tinha o propósito de questionar a verdade histórica nem de estabelecer teorias críticas, mas desejava apenas pregar valores espirituais e morais."[7]

Qual foi a origem desse conceito de acomodação? John M'Clintock diz que os gnósticos foram os primeiros a defender essa visão: "Afirmavam que a doutrina de Cristo não podia ser compreendida exclusivamente a partir das Escrituras, porque o autor do Novo Testamento estava sujeito à cultura que existia na época."[8] Mais tarde, a teoria da acomodação foi propagada por J. S. Semler (1725-1791), o pai do racionalismo alemão, e ela se tornou parte estratégica do liberalismo.[9] A acomodação continua a ser um dos argumentos preferidos dos pensadores liberais e neo-ortodoxos que desafiam a infalibilidade e a inerrância das Escrituras atualmente, embora essa teoria comporte muitas falácias.

Em primeiro lugar, a teoria da acomodação permite uma visão subjetiva dos ensinamentos de Jesus. Se qualquer parte de suas palavras estiver contaminada pelo erro, então o todo de sua mensagem é suspeita. Geisler e Nix perguntam: "Se Jesus se acomodou de modo tão conveniente e completo às ideias correntes da época, como podemos saber com certeza o que ele realmente acreditava?"[10] A resposta óbvia é que ninguém teria como saber. Não poderíamos confiar nele, pois jamais poderíamos saber se ele estava dizendo a verdade ou se estava fazendo algum compromisso por razões políticas ou psicológicas.

Em segundo lugar, a acusação mais grave que podemos levantar contra essa teoria se baseia nas interações de Jesus com os escribas e os fariseus. Se havia pessoas a quem Jesus poderia ter acomodado seus ensinos, naqueles dias, eram estes líderes religiosos. Entretanto, por repetidas vezes, Jesus confrontou os escribas e os fariseus com o ensinamento literal do Antigo Testamento. Encontramos um exemplo-chave em Marcos 7:6-13. Aqui, afirma-se que o ensinamento tradicional dos escribas e fariseus se opunha aos mandamentos de Deus. A teoria da acomodação, porém, exigiria que Jesus concordasse com seu pensamento tradicionalista. Em Mateus 22:29, também os saduceus foram repreendidos por Cristo segundo a objeção de que não conheciam as Escrituras. No capítulo seguinte, Jesus fala de novo com escribas e fariseus, que se diziam seguidores de Moisés, embora, na verdade, apenas impunham de forma hipócrita as suas tradições aos outros (veja Mateus 23:1-4).

Em terceiro lugar, outra objeção à teoria da acomodação diz respeito ao caráter de Jesus. Como ele poderia, conscientemente, mentir e mesmo assim alegar ser "a verdade" (João 14:6)?[11] Se este fosse o caso, sua integridade estaria manchada, e a alegação de sua deidade, destruída,[12] pois o Novo Testamento afirma que Deus não pode mentir (veja Tito 1:2).

Uma quarta objeção se refere ao emprego que Cristo faz do Antigo Testamento. James Packer observa que a teoria da acomodação "supõe que as ideias de Cristo sobre o Antigo Testamento são elementos não essenciais de seu pensamento, e que a exclusão dessas ideias não ocasiona perda real nem na mensagem nem na autoridade pessoal de Jesus".[13] Fato é que, como já observamos anteriormente, Jesus mantinha um vínculo íntimo com o Antigo Testamento, como ressaltado por ele diante de seus discípulos em uma aparição pós-ressurreição: "Foi isso que eu lhes falei enquanto ainda estava com vocês: Era necessário que se cumprisse tudo o que a meu respeito está escrito na Lei de Moisés, nos Profetas e nos Salmos" (Lucas 24:44). Antes disso, na estrada para Emaús, ele teve que explicar a Cléopas e seu companheiro "o que constava a respeito dele em todas as Escrituras" (Lucas 24:27).

A teoria da acomodação precisa ser rejeitada porque não respeita as evidências encontradas nos registros do evangelho. Não podemos defender a teoria da acomodação *e* a autoridade de Cristo com integridade intelectual. Por outro lado, defender sua autoridade significa defender a inerrância das Escrituras. A autoridade e a autenticidade de Cristo e das Escrituras permanecem ou sucumbem juntas.

Resumindo

Quando examinamos o testemunho de Jesus sobre as Escrituras, temos de aceitar uma de três possibilidades. A primeira é que não há erros no Antigo Testamento, como ensinou Jesus. A segunda é que há erros, mas que Jesus os desconhecia. A terceira é que há erros e Jesus os conhecia, mas os encobriu.

Se a segunda for verdadeira – que o Antigo Testamento contém erros que Jesus desconhecia –, isso significa que Jesus era um homem falível, obviamente não era Deus, e não precisamos mais pensar no assunto. Se a terceira alternativa for verdadeira – que Jesus sabia dos erros, mas os encobriu –, então ele não era honesto, não era santo e certamente não era Deus, e, mais uma vez, toda a estrutura do cristianismo ruirá como um castelo de areia é arrastado pelas ondas.

Eu aceito a primeira proposição – de que Jesus via o Antigo Testamento como Palavra autoritativa e inerrante de Deus.

A conclusão óbvia disso é que Jesus aceitava a autoridade do Antigo Testamento e passou essa mesma autoridade para os relatos do Novo Testamento (veja João 14:26; 15:26,27; 16:12-15).[14] Ele o viu como equivalente à sua própria palavra. O relato do cumprimento é tão autoritativo quanto o relato da profecia.

Salmos 119:160 nos diz: "a *soma* da tua palavra é verdade" (grifo meu). Isso só pode ser verdade se as *partes* são verdade. Baseado na autoridade de Cristo, creio que elas o são. *Um todo de autoridade exige partes inerrantes.*

Não podemos permitir que a razão se eleve acima da revelação, tampouco a autoridade de Cristo pode ser usurpada por aqueles que ele criou. O que está em jogo é nada menos do que a natureza de Deus.

Algumas perguntas pessoais

1. Por que é incoerente afirmar que você acredita em Cristo e na autoridade dele sobre sua vida, mas sem ter certeza da autoridade e veracidade absolutas da Bíblia?

2. Por que a aprovação que Cristo dá às Escrituras de seu tempo (e das Escrituras que viriam a ser escritas ao longo dos anos seguintes) é tão essencial?

3. Neste capítulo, quantos exemplos você pode citar de como Cristo confirmou ou validou a acurácia e a historicidade do Antigo Testamento?

4. Quais são as implicações das seguintes afirmações:
   + Há erros no Antigo Testamento, mas Jesus os desconhecia.
   + Existem erros no Antigo Testamento, Jesus os conhecia, mas os encobriu.

Versículos-chave para lembrar

Não pensem que vim abolir a Lei ou os Profetas; não vim abolir, mas cumprir.

MATEUS 5:17

Foi isso que eu lhes falei enquanto ainda estava com vocês: Era necessário que se cumprisse tudo o que a meu respeito está escrito na Lei de Moisés, nos Profetas e nos Salmos.

LUCAS 24:44

5

Podemos acrescentar algo à Palavra de Deus?

Em anos recentes, o renovado interesse pelo Espírito Santo e pelo uso dos dons espirituais tem gerado entusiasmo e renovação em muitas igrejas. Deus parece estar revelando seu poder de formas maravilhosas. Enquanto nos envolvemos em tudo isso, pode ser difícil reconhecer a diferença entre o que Deus está dizendo e fazendo hoje e aquilo que ele disse e fez nos dias em que as Escrituras estavam sendo escritas. Existe uma diferença entre a Palavra de Deus revelada na época e a palavra que ele está falando aos cristãos e por meio deles hoje em dia? Eu acredito que existe uma diferença fundamental, e isso é algo que precisamos manter em mente se quisermos preservar a perspectiva correta sobre a autoridade e a infalibilidade das Escrituras.

O que os autores das Escrituras pensavam?

Suponha que você tenha escrito um dos livros da Bíblia. Como você teria visto sua obra? Você teria acreditado que aquilo que estava escrevendo era algo que saía de sua própria cabeça? Ou você teria acreditado que aquilo vinha diretamente de Deus?

Uma boa maneira de obter respostas a essas perguntas é ver o que os autores das Escrituras tinham a dizer a respeito disso tudo.

Como sabemos, foram uns 40 escritores que produziram a Bíblia ao longo de mais ou menos 1500 anos. Eles viviam em diferentes épocas e lugares e não tinham a possibilidade de colaborar em medida significativa. Mas há uma característica surpreendentemente comum a todos eles – desde Moisés, que escreveu os cinco primeiros livros da Bíblia, até o apóstolo João, que encerrou o cânone do Novo Testamento com o livro de Apocalipse. Por falta de um termo melhor, todos eles tinham uma aura de infalibilidade. Muitos desses homens eram pessoas simples sem muita educação formal, com algumas poucas exceções, que nós chamaríamos de bem formados e sofisticados: Moisés era um destes, Salomão, outro. No Novo Testamento, Paulo certamente gozara de uma ótima educação, como também Lucas, o médico, e Tiago.

Mas muitos outros eram simples fazendeiros, pastores, soldados, pescadores etc. Mesmo assim, todos eles – com educação formal ou não – escreveram com uma certeza absoluta de que aquilo que escreviam era a Palavra de Deus. E o fizeram sem qualquer autoconsciência. Não faziam ressalvas ou desculpas. Jamais diziam algo como: "Bem, isso pode parecer ridículo, mas isso é realmente a Palavra de Deus." Em vez disso, alegavam incansavelmente estar escrevendo a Palavra de Deus. Um estudioso bíblico estima que, apenas no Antigo Testamento, há mais de 2600 alegações desse tipo. Se você quiser números mais precisos, 682 dessas alegações se encontram no Pentateuco; 1307, nos livros proféticos; 418, nos livros históricos; e 195, nos livros poéticos.[1]

Um exemplo-chave é Moisés, que, diante da sarça ardente, diz a Deus que ele não pode voltar para o Egito e confrontar Faraó para lhe pedir que deixe os israelitas saírem do país. Deus responde: "Quem deu boca ao homem? [...] Agora, pois, vá; eu estarei com você, ensinando-lhe o que dizer." (Êxodo 4:11,12).

Os outros profetas e autores das Escrituras também tinham certeza de que aquilo que tinham a dizer era algo muito especial. 1Samuel 3 registra a visita de Deus ao garoto Samuel e descreve como o Senhor revelou sua palavra a este. 1Samuel 3:19 nos diz que "Enquanto Samuel crescia, o Senhor estava com ele, e fazia com que todas as suas palavras se cumprissem."

O profeta Isaías inicia seu livro alegando: "Ouçam, ó céus! Escute, ó terra! Pois o Senhor falou" (Isaías 1:2).

Jeremias começa sua profecia dizendo: "A palavra do Senhor veio a mim" (Jeremias 1:4).

Ao descrever como foi comissionado por Deus, Ezequiel registra que Deus o instruiu a ouvir com cuidado e a guardar todas as palavras que ele, Deus, estava falando. Ezequiel deveria dizer aos seus conterrâneos no exílio: "Assim diz o Soberano, o Senhor" (Ezequiel 3:10,11).

E nenhum profeta do Antigo Testamento expressa de forma mais clara o seu chamado para falar de modo especial do que Amós, que afirma não ser nem profeta nem filho de profeta, mas um pastor e guardião de figueiras: "Mas o Senhor me tirou do serviço junto ao rebanho e me disse: 'Vá, profetize a Israel, o meu povo.'" (Amós 7:15).

E quanto aos autores do Novo Testamento? Eles partilhavam da fé dos autores do Antigo Testamento? Os autores do Novo Testamento acreditavam estar escrevendo a Palavra de Deus?

Em primeiro lugar, devemos analisar o que os autores do Novo Testamento pensavam sobre os autores do Antigo Testamento. Existem pelo menos 320 citações diretas do Antigo Testamento no Novo Testamento.[2] Os autores do Novo Testamento se referem ao Antigo Testamento umas mil vezes ao todo. Não pode haver dúvida de que os escritores do Novo Testamento acreditavam que o Antigo Testamento era a revelação de Deus – sua palavra inspirada.

Em Romanos 15:4, por exemplo, Paulo diz: "Pois tudo o que foi escrito no passado, foi escrito para nos ensinar, de forma que, por meio da perseverança e do bom ânimo procedentes das Escrituras, mantenhamos a nossa esperança."

Ao iniciar o livro de Hebreus, o autor disse: "Há muito tempo Deus falou muitas vezes e de várias maneiras aos nossos antepassados por meio dos profetas, mas nestes últimos dias falou-nos por meio do Filho, a quem constituiu herdeiro de todas as coisas e por meio de quem fez o universo." (Hebreus 1:1,2).

Em Gálatas 3:8, Paulo se refere ao Antigo Testamento quando escreve: "Prevendo a Escritura que Deus justificaria os gentios pela fé, anunciou primeiro as boas-novas a Abraão: 'Por meio de você todas as nações serão abençoadas.'"

Mas o que os autores do Novo Testamento dizem sobre outros autores do Novo Testamento? Alguém dentre eles afirma que os outros escritores do Novo Testamento são inspirados? Encontramos um exemplo em 1 Timóteo 5:18, onde Paulo escreve: "Pois a Escritura diz: 'Não amordace o boi enquanto está debulhando o cereal', e 'o trabalhador merece o seu salário'". A sentença sobre não amordaçar o boi é uma citação do Antigo Testamento (veja Deuteronômio 25:4), mas a sentença "o trabalhador merece o seu salário" é a citação exata de uma sentença em Lucas 10:7 e não pode ser encontrada em nenhum lugar do Antigo Testamento. Temos aqui, então, Paulo se referindo a um livro do Novo Testamento – escrito por Lucas, o médico – como Bíblia.

Em 2Pedro 3:14-16, Pedro se refere a um escritor em especial: "nosso amado irmão Paulo lhes escreveu, com a sabedoria que Deus lhe deu. Ele escreve da mesma forma em todas as suas cartas, falando nelas destes assuntos. Suas cartas contêm algumas coisas difíceis de entender, as quais os ignorantes e instáveis torcem, *como também o fazem com as demais Escrituras*, para a própria destruição deles." (grifo meu). O que Pedro está dizendo? Duas coisas: Paulo escreve de certo modo em todas as suas cartas e o que ele escreve é Escritura. Pedro está dizendo que as epístolas de Paulo são inspiradas – a Palavra de Deus.

Paulo alega muitas vezes estar comunicando revelação inspirada, dada a ele diretamente por Deus. Por exemplo, em Gálatas 1:11: "Irmãos, quero que saibam que o evangelho por mim anunciado não é de origem humana."

Outro bom exemplo da alegação de inspiração nos escritos de Paulo é 1Tessalonicenses 2:13: "Também agradecemos a Deus sem cessar o fato de que, ao receberem de nossa parte a palavra de Deus, vocês a aceitaram, não como palavra de homens, mas conforme ela verdadeiramente é, como palavra de Deus, que atua com eficácia em vocês, os que creem." Paulo não poderia ter dito isso de forma mais clara. Ele acreditava que ensinava e escrevia a palavra do próprio Deus. Das duas uma: ou Paulo tinha um ego monumental ou estava dizendo a verdade.

Outro exemplo é o apóstolo João. No livro das revelações – o Apocalipse –, João faz muitas referências à inspiração. Por exemplo: ele encerra o capítulo 2 dizendo: "Aquele que tem ouvidos ouça o que o Espírito diz às igrejas." (versículo 29). Em Apocalipse 19:9, João relata que o anjo o instruiu a escrever: "'Felizes os convidados para o banquete do casamento do Cordeiro!' E acrescentou: 'Estas são as palavras verdadeiras de Deus.'" Apocalipse 21 relata que Deus, sentado no trono, o instrui a anotar tudo o que vê: "Escreva isto, pois estas palavras são verdadeiras e dignas de confiança" (Apocalipse 21:5).

Do início ao fim da Bíblia, seus autores têm convicção plena de que estão reproduzindo as palavras verdadeiras de Deus. Sua obra apresenta a marca da inspiração e da autoridade inexistente em qualquer escrito anterior ou posterior a ela.

O cânone está fechado – para sempre

Voltando à pergunta inicial deste capítulo: Existe uma diferença nítida entre como Deus falava no passado por meio dos profetas e apóstolos e como ele fala hoje? Não há dúvida de que Deus está fazendo algumas coisas maravilhosas no nosso tempo. Por meio de seu Espírito Santo, ele está orientando e capacitando seus filhos a testemunhar, escrever, falar e agir com tremendo impacto e poder espiritual. No entanto, ele *não* está inspirando (soprando) revelação escritural adicional. O cânone está fechado.

Mas essa palavra "cânone" precisa ser definida e explicada. Mencione o cânone das Escrituras num grupo de cristãos e, muitas vezes, o resultado será várias expressões confusas. Eles sabem que a Palavra de Deus é chamada de espada de dois gumes (veja Hebreus 4:12), mas não conseguem lembrar uma passagem que a compare com um "canhão". (Suponho que algumas pessoas se perguntam se o "canhão" de Deus é calibre 12 ou 16!)

Na verdade, a palavra "cânone" é uma metáfora, um jogo de palavras. Provém da palavra grega *kanon*, que significa "uma vara, ou viga, uma medida, um padrão ou limite".[3] Esse termo

grego, *kanon*, provinha originalmente de uma raiz que significava "caniço". Em tempos bíblicos, um caniço era uma unidade
de medida hebraica. Assim, a palavra veio a adquirir o sentido
metafórico de uma vara de medida, ou padrão.

O termo era usado de muitas formas: na gramática, como
regra de procedimento; na cronologia, como tabela de datas;
na literatura, como lista de livros ou obras atribuídos corretamente a um autor.[4] Eventualmente, o termo "cânone" veio a ser
usado para referir-se à lista completa de livros que Deus deu ao
homem. Atanásio, bispo de Alexandria, fez referência ao Novo
Testamento completo como cânone em 350 d.C.[5] Em outras
palavras, rotulou a coleção de 27 livros usados nas igrejas do
Novo Testamento como parte final da revelação de Deus, que
havia começado com os livros do Antigo Testamento.

Alguns dos livros no cânone do Novo Testamento foram
questionados, mas por fim a escolha final de Atanásio e de outros pais da igreja prevaleceu. Hoje, quando usamos o termo
"cânone das Escrituras", afirmamos que a Bíblia está completa.
Deus nos deu sua revelação. A Bíblia é nosso padrão – eficaz,
suficiente, infalível, inerrante e autoritativa. Como padrão de
Deus, ela é nosso padrão absoluto para avaliar qualquer outro
escrito, conceito ou ideia.

Como o cânone foi escolhido?

Saber o que significa a palavra "cânone" é útil, mas não responde
a uma pergunta-chave: Como os pais da igreja decidiram quais
livros deveriam ser incluídos no cânone?

Apesar de a palavra "cânone" não ter sido usada para se referir
às Escrituras nos tempos do Antigo Testamento, mesmo assim

havia uma noção clara de que os livros do Antigo Testamento formavam um conjunto unificado de escritos sagrados originais.

Dois testes básicos foram usados para determinar se um livro pertencia ao cânone do Antigo Testamento: 1) Ele foi inspirado por Deus, escrito por um profeta ou por uma pessoa dotada com o dom da profecia? 2) Ele era aceito, preservado e lido pelos israelitas, o povo de Deus?

Alguns autores do Antigo Testamento não eram oficialmente conhecidos como profetas. Daniel, por exemplo, era um judeu que conquistou a posição de um alto oficial do governo durante o cativeiro na Babilônia. Davi e Salomão foram dois dos mais famosos reis hebreus. Esdras era escriba. Neemias era copeiro do rei Artaxerxes durante o cativeiro na Babilônia e, mais tarde, tornou-se governador da cidade restaurada de Jerusalém. Mas todos esses homens eram vistos como dotados com poderes e dons proféticos. Foram usados para escrever e falar em nome de Deus.

O cânone do Antigo Testamento foi fechado (por exemplo, o último livro foi escrito e escolhido) por volta de 425 a.C., com a profecia de Malaquias. Não havia dúvida quanto aos livros que eram inspirados por Deus. Em primeiro lugar, os autores alegavam ter sido inspirados (como discutimos anteriormente neste capítulo), e quando o povo de Deus analisou seus escritos, não encontrou qualquer erro. Condiziam à história, à geografia, à teologia – tudo que o povo sabia ajudava a determinar se eram ou não inspirados.

A tradição judaica afirma que os compiladores finais do Antigo Testamento faziam parte da Grande Sinagoga, daquela escola de escribas fundada por Esdras após o retorno dos judeus do cativeiro na Babilônia. É interessante ver que, na época, já havia muitas tentativas de acrescentar trechos às Escrituras (como acontece também hoje em dia). Algumas pessoas tentaram acrescentar cerca de quatorze livros não canônicos ao Antigo Testamento. Essa coleção, chamada de livros apócrifos, incluía 1 e 2Esdras, Tobias, Judite, Adições em Ester, A Sabedoria de Salomão, Eclesiástico, Baruque (com a epístola de Jeremias), Oração de Azarias, A História de Susana, Bel e o Dragão, A Oração de Manassés e 1 e 2Macabeus.

No entanto, os livros apócrifos não foram incluídos pelos judeus no cânone do Antigo Testamento pelas razões seguintes:

1. Foram escritos muito tempo após a conclusão do cânone por volta de 400 a.c., e faltava-lhes a qualidade profética para classificá-los como Escritura.[6]
2. Nenhum dos autores apócrifos alega ter escrito sob inspiração divina, e alguns o negam abertamente.
3. Os livros apócrifos contêm erros factuais e ensinam éticas e doutrinas questionáveis. Por exemplo, os escritos apócrifos justificam o suicídio e o assassinato e ensinam também a orar pelos mortos.

É interessante que a Igreja Católica Romana aceitou alguns livros apócrifos e os incluiu como parte das versões católico-romanas da Bíblia.

Como os livros do Novo Testamento foram escolhidos

Os testes usados pela igreja cristã primitiva para definir as Escrituras do Novo Testamento eram semelhantes aos usados para os livros do Antigo Testamento.

O livro foi escrito por um apóstolo ou por uma pessoa intimamente associada a um apóstolo? Novamente, a questão-chave era a inspiração do livro; para ser inspirado, precisava ter sido escrito por um apóstolo, por alguém que convivera e conversara com o Senhor, ou por alguém que havia sido um companheiro próximo de um apóstolo. Marcos, por exemplo, não era apóstolo, mas era um amigo íntimo de Pedro. Lucas, o único autor gentio do Novo Testamento, não era um apóstolo, mas havia trabalhado com Paulo, que era um apóstolo em virtude de sua experiência especial na estrada para Damasco.

Jesus tinha prometido aos apóstolos o poder de escrever textos inspirados, quando lhes disse: "Mas o Conselheiro, o Espírito Santo, que o Pai enviará em meu nome, lhes ensinará todas as coisas e lhes fará lembrar tudo o que eu lhes disse." (João 14:26). Essa promessa do Senhor vale antes de tudo para seus apóstolos, não para os cristãos de hoje. E os apóstolos sabiam disso. Como já vimos, eles reivindicavam inspiração para si mesmos ou a confirmaram nos escritos de seus colegas apóstolos. Sem dúvida alguma, o fator-chave era a autoria apostólica.

Outro teste aplicado pelos pais da igreja era o conteúdo. O escrito estava em harmonia com a doutrina apostólica? Naqueles primeiros anos da igreja, hereges como os gnósticos tentavam infiltrar algum livro falso, mas nunca conseguiram. Se tal escrito não concordava com a doutrina apostólica, ele não passava no teste. As aberrações doutrinárias eram facilmente identificáveis.

Um terceiro teste perguntava se o livro era lido e usado nas igrejas. Era aceito pelo povo de Deus, lido durante os cultos de adoração e seus ensinamentos aplicados na vida diária?

E um teste final determinava se o livro era reconhecido e usado pelas gerações que seguiram à igreja primitiva, especialmente pelos pais apostólicos. Líderes da igreja como Policarpo, Justino Mártir, Tertuliano, Orígenes, Eusébio, Atanásio, Jerônimo e Agostinho usavam e aprovavam os escritos apostólicos. No entanto, é importante observar que os líderes da igreja não impunham determinados livros à igreja. Jamais era um único homem ou grupo que conferia o selo canônico a um livro. Deus determinava o cânone; o homem o descobriu por meio de um longo e contínuo emprego. Finalmente, o cânone emergiu por meio da convicção dos líderes da igreja e do trabalho harmonioso dos membros da igreja sob orientação do Espírito Santo.

Como já tinha acontecido com o Antigo Testamento, surgiu também aqui um grupo formidável de livros apócrifos. Estes incluíam a Epístola de Barnabé, o Apocalipse de Pedro, o Evangelho de Nicodemos e o Pastor de Hermas. Havia também os "evangelhos" de André, Bartolomeu, Tomé e Felipe. Uma vez que não passaram por um dos testes de autenticidade, nenhum deles conseguiu entrar no cânone do Novo Testamento.

A composição canônica e a coletânea de livros autênticos e inspirados continuaram lenta e gradativamente. Nenhum concílio da igreja jamais decretou um cânone "oficial" do Novo Testamento, mas vários concílios reconheceram o consenso do povo e a existência de livros canônicos. No fim do século 4, a coleção estava completa. O cânone estava fechado.[7]

O que acontece quando você acrescenta "mais revelação"?

Os falsos livros apócrifos do Antigo e Novo Testamentos (também chamados de *pseudepigrapha*) foram apenas a primeira tentativa de acrescentar "outras revelações" às Escrituras.[8] Ao longo dos séculos e até os dias de hoje, diferentes indivíduos e grupos têm alegado que suas obras e escritos são equivalentes à Bíblia em autoridade e inspiração. E o resultado sempre tem sido erro e caos espiritual. Para encontrar exemplos, basta olhar para as grandes seitas.

Os mórmons elevaram três obras ao nível das Escrituras: *Doutrina e Convênios*, *Pérola de Grande Valor* e o *Livro dos Mórmons*. O livro de Alma, por exemplo, afirma (5:45,46): "Não suponham vocês que eu sei todas essas coisas? Testifico a vocês que eu sei que todas essas coisas das quais falei são verdadeiras. E como suponham que sei de sua certeza? Digo-lhes que elas me foram comunicadas pelo Espírito Santo de Deus [...] e este é o espírito da revelação que está em mim."[9]

Os seguidores da Ciência Cristã elevaram *Ciência e Saúde como Chave para as Escrituras* ao nível bíblico. Um de seus documentos afirma: "Pois não é revelação humana, mas revelação divina, a razão e lógica da Ciência Cristã, com fundamento divino, necessariamente a separa de todos os outros sistemas."[10] Mary Baker Eddy, chamada de "a reveladora da verdade para esta era"[11], escreveu: "Eu me envergonharia de ver *Ciência e Saúde como Chave para as Escrituras* como a tenho visto se ela fosse de origem humana e eu estivesse separada de Deus como seu autor. Eu fui apenas a escriba."[12]

As Testemunhas de Jeová cometem o mesmo erro quando dizem sobre sua publicação: "*A Sentinela* é uma revista sem igual na terra, pois Deus é seu autor."[13]

Outro exemplo clássico de alguém que acredita ter uma revelação nova é David Berg, líder da seita Meninos de Deus. Chamando-se também de Moisés, de profeta dos últimos dias e de

Davi, rei de Israel, Berg escreveu aproximadamente 500 cartas em cinco anos. Segundo um relato em *Christianity Today*, "Berg, que, supostamente, tem várias concubinas, insiste que suas cartas são 'a Palavra de Deus para hoje' e substituem as Escrituras bíblicas (a Palavra de Deus para ontem)."[14]

Estes são apenas alguns poucos exemplos, mas eles ilustram um ponto vital que é tão verdadeiro hoje quanto foi no tempo em que o cânone foi escolhido: Qualquer um que critica, questiona, desafia, subtrai ou acrescenta à Palavra autoritativa de Deus está minando a autoridade divina do Senhor Jesus Cristo e colocando em seu lugar o homem, a criatura.

Resumindo

Os autores das Escrituras falavam com convicção e autoridade especiais, que só podiam vir de Deus. Não usaram expressões como "Acho que estou certo" ou "Você deve não concordar comigo, mas..." Em vez disso, repetiram incansavelmente de várias formas: "Assim diz o Senhor" e "Deus colocou suas palavras em minha boca." Eles não achavam que seus escritos eram inspirados; eles *sabiam* que eram.

O "cânone das Escrituras" é um termo que todos os cristãos deveriam conhecer e compreender melhor. Ele abarca os 66 livros que têm sido considerados a regra infalível da fé e da prática para a igreja para todos os tempos. Desde o encerramento do cânone do Novo Testamento no século 4, algumas pessoas têm se perguntado se não deveríamos ser capazes de acrescentar ao cânone. Afinal de contas, Deus tem continuado a agir e falar por meio do Espírito Santo desde aqueles primeiros séculos. Mas Apocalipse 22:18 afirma claramente: "Declaro a todos os que ouvem as palavras da profecia deste livro: se alguém lhe acrescentar algo, Deus lhe acrescentará as pragas descritas neste livro." Evidentemente, você pode dizer que essa advertência se aplica apenas ao livro de Apocalipse, não à Bíblia inteira. Mas antes de se parabenizar por sua esperteza, saiba que o livro de Apocalipse é o último livro da Bíblia, em termos de sua natureza, de seu conteúdo e pela decisão daqueles que definiram o cânone. Se você acrescentar ao livro de Apocalipse, você acrescenta à Bíblia e se expõe à maldição de Apocalipse 22:18.

Reconheço que pragas literais nem sempre acometeram aqueles que acrescentaram às Escrituras. (Em outros casos, seus destinos foram tristes e até mesmo terríveis.) Deus pode estar dominando o poder da maldição em Apocalipse 22:18 até o Dia do Juízo. Mas uma coisa é certa: Permitir que qualquer um ou que todos aleguem estar falando a revelação de Deus significa pagar um preço alto demais. Cristo colocou seu selo de autoridade nas Escrituras. A igreja descobriu o cânone da Palavra de Deus sob a orientação do Espírito Santo. Abandonar ou até mesmo menosprezar a singularidade das Escrituras como única Palavra verdadeiramente inspirada de Deus significa abrir as portas para o vale-tudo espiritual.

Algumas perguntas pessoais

1. Quão importante é para você o fato de os autores das Escrituras reivindicarem estar escrevendo a Palavra de Deus com certeza absoluta? Suponha que nenhum des-

ses autores tenha feito essa reivindicação. Isso faria alguma diferença na forma como você vê a autoridade da Bíblia em sua própria vida? Por quê? Ou por que não?

_____

_____

_____

2. A escolha do cânone bíblico tem representado um problema para você? Entre os testes de canonicidade aplicados ao Antigo e Novo Testamentos, quais são os mais importantes para você? Por quê?

_____

_____

3. A última oração deste capítulo afirma: "Abandonar ou até mesmo menosprezar a singularidade das Escrituras como única Palavra verdadeiramente inspirada de Deus significa abrir as portas para o vale-tudo espiritual." Você concorda ou discorda? Por quê?

_____

_____

_____

Versículos-chave para lembrar

Há muito tempo Deus falou muitas vezes e de várias maneiras aos nossos antepassados por meio dos profetas, mas nestes últimos dias falou-nos por meio do Filho, a quem constituiu herdeiro de todas as coisas e por meio de quem fez o universo.

HEBREUS 1:1,2

Declaro a todos os que ouvem as palavras da profecia deste livro: se alguém lhe acrescentar algo, Deus lhe acrescentará as pragas descritas neste livro.

APOCALIPSE 22:18

PARTE II

O que a Palavra de Deus faz por nós?

Todos nós já ouvimos dizer que a Bíblia nos faz bem – que devemos lê-la diariamente e estudá-la sempre. Mas por que, exatamente, ela nos faz bem? O que é que as Escrituras realmente *fazem*? Os próximos cinco capítulos tratarão de alguns dos benefícios básicos da leitura e do estudo da Bíblia:

+ *A Palavra de Deus: Fonte de verdade e liberdade.* Existe uma diferença entre ter conhecimento e ter verdade? O que ter a verdade tem a ver com estar livre? Qual é o nível de sua liberdade?

+ *A Palavra de Deus: Guia para a vontade dele.* O cristão pode realmente saber a vontade de Deus para a sua vida? Precisamos encontrar a vontade de Deus ou ela encontra--se totalmente à vista? O que dizem as Escrituras?

+ *A Palavra de Deus: O caminho do crescimento.* Por que nem todos os cristãos crescem no mesmo ritmo? Qual é a importância da Bíblia para o crescimento espiritual? Qual o ritmo do seu crescimento neste momento?

- *A Palavra de Deus: A perfeita faca de poda.* O que significa produzir o fruto cristão? Quanto fruto você está produzindo? Onde se encaixa a Palavra de Deus?

- *A Palavra de Deus: A arma decisiva.* Quão hábil é você no manuseio da espada do Espírito? Você sabe usá-la para defender-se dos ataques de Satanás? Você consegue atacar o mundo, a carne e o diabo?

Algumas dessas perguntas podem parecer simples demais, mas não se deixe iludir pelos rótulos. Cada um desses pontos é um elemento poderoso para a vida cristã.

6

A Palavra de Deus: Fonte de verdade e liberdade

O que é a verdade?

Pilatos fez essa pergunta a Jesus, e as pessoas continuam perguntando a mesma coisa a Jesus hoje. Quando converso com esta ou aquela pessoa sobre a verdade que pode ser encontrada em Jesus Cristo, elas costumam responder: "Eu não sei bem o que é a verdade." Alguns alegam até ter desistido de buscá-la. Um homem me disse: "Eu tinha por costume me martirizar com a pergunta se de fato poderia ou não vir a saber tudo e descobrir como tudo funcionava, mas, finalmente, decidi deixar isso de lado e esquecer a questão. Não preciso dessa tristeza. Por isso, não me preocupo mais com isso."

Reconheço que "saber *tudo*" e "descobrir como *tudo* funciona" tem o potencial de desencorajar qualquer um. Não há dúvida: temos muitas informações, muito conhecimento, mesmo assim não temos certeza em relação à verdade. A Bíblia menciona pessoas que "estão sempre aprendendo, mas não conseguem nunca chegar ao conhecimento da verdade" (2Timóteo 3:7).

Para muitas pessoas, a vida é assim. Elas leem e estudam e pensam e conversam e ouvem, mas nunca encontram a verdade. Jamais se contentam com algo, e a frustração é grande demais. Durante uma conferência bíblica, decidi me ausentar e fazer uma caminhada. Quando me afastei do local da conferência, encontrei um sujeito jovem que vivia numa barraca. Descobri que ele tinha se formado na universidade de Boston e simplesmente se despedira da sociedade para se entregar às drogas. Ele parecia completamente 'chapado'.

"O que você está fazendo?" perguntei.

"Gastei tanto tempo procurando pela verdade e nunca a encontrei", ele disse. "Finalmente decidi explodir minha mente com drogas. Agora, pelo menos, não preciso mais fazer perguntas."

Em outra ocasião, eu estava conversando com um grupo de dez jovens que haviam decidido viver num acampamento na floresta. Começaram a me explicar sua filosofia de vida, então fiz a pergunta decisiva: "O que é a verdade?" Todos se entreolharam, surpresos. Então, um dos jovens deu um passo à frente e disse: "Yin Yang."

"Yin Yang?"

"Sim, cara, a resposta está no Yin Yang."

"O que é Yin Yang?" perguntei.

"Você não sabe o que é Yin Yang? Como você consegue viver sem Yin Yang? Aqui, vou mostrar para você."

Ele pegou um galho e desenhou um círculo no chão. Depois, traçou uma linha curva que passava pelo centro do círculo, dividindo-o em partes iguais. Em seguida, desenhou dois círculos de tamanho igual em cada parte do círculo, resultando em duas metades opostas. Então disse: "Está vendo? Isso é Yin Yang, cara. Viaja nisso."

"O que isso faz?" perguntei.

"Você não entende?" ele disse. "Você não sabe que, se não existisse o preto, não existiria também o branco? Que se não houvesse o alto, não haveria o baixo? Se não houvesse o estar fora, você não entenderia o que significa estar dentro?"

Após ele apresentar uma série de pares opostos, eu perguntei: "E para que isso me serve?"

"Taí a resposta, cara. Isso é Yin Yang. A vida são opostos."

Eu disse: "Você está me dizendo que viveu toda sua vida e que tudo que você descobriu foi o Yin Yang? Sério?" O Yin Yang era tudo que ele tinha para se sustentar. A única verdade que ele encontrara era o conceito elementar dos opostos!

Meu amigo pode ser um exemplo extremo, mas ele ilustra a luta de muitas pessoas. Suas almas anseiam pela verdade, mas elas permanecem acorrentadas à dúvida, à indecisão ou ao Yin Yang.

O que a Palavra de Deus diz sobre verdade e liberdade

Se você quiser descobrir onde e como a Bíblia afirma-se como a fonte da verdade e da liberdade, ouça as palavras da própria Verdade: Jesus Cristo. No oitavo capítulo de João, Jesus se encontra envolvido em uma de várias discussões acaloradas com os judeus, que questionavam seus ensinamentos. Algumas dessas pessoas, porém, estavam começando a crer, pelo menos um pouco: "tendo dito essas coisas, muitos creram nele" (João 8:30). Tudo isso parece encorajador, até olharmos mais de perto. A maioria dos comentaristas bíblicos acredita que, a essa altura, essas pessoas poderiam ser chamadas de "meio convertidas". Sua fé não era suficiente para libertá-las do pecado nem para salvá-las.[1]

Estão começando a acreditar que Jesus é quem ele afirma ser: o Messias. Jesus quer levá-las de sua meia-fé para a fé e a salvação plenas. Ele quer levá-las até a verdade e a liberdade verdadeiras, e nos próximos versículos podemos ouvi-lo falando sobre três conceitos: o progresso da liberdade, a pretensão da liberdade e a promessa da liberdade.

O progresso da liberdade

Como alguém pode fazer progresso em direção à liberdade real? Em João 8:31,32, Jesus o diz claramente: "Disse Jesus aos judeus que haviam crido nele: 'Se vocês permanecerem firmes na minha palavra, verdadeiramente serão meus discípulos. E conhecerão a verdade, e a verdade os libertará.'" Esse é o modo para avançar em direção à liberdade. Primeiro você crê, depois você se agarra aos ensinamentos de Cristo. Agarrar-se aos ensinamentos de Cristo – "permanecer firme na verdade" – é evidência da fé verdadeira.

Por que Jesus disse isso a essa multidão? Porque ele reconheceu sua condição de meia-fé. A mesma coisa havia acontecido no segundo capítulo de João. Jesus acabara de purificar o templo, expulsando cambistas, e João observa que "muitos viram os sinais miraculosos que ele estava realizando e creram em seu nome" (João 2:23). Jesus celebrou ou disse "Amém"? Dificilmente. "Mas Jesus não se confiava a eles, pois conhecia a todos [...], pois ele bem sabia o que havia no homem." (João 2:24,25).

Jesus sabia que a fé deles não era uma fé salvadora. Eles acreditavam naquilo que haviam visto, mas não havia compromisso.

Você encontra o mesmo problema em várias outras passagens das Escrituras. Quando Jesus conta a parábola do semeador, ele fala sobre as sementes que caem sobre o solo rochoso. Isso representa as pessoas que acreditam, mas não desenvolvem raízes verdadeiras, nenhum compromisso. Quando são tentadas ou provadas, elas desistem (veja Lucas 8:1-15). Em João 12:42-44, lemos sobre líderes judeus que acreditaram em Jesus, "mas, por causa dos fariseus, não confessavam a sua fé, com medo de serem expulsos da sinagoga; pois preferiam a aprovação dos homens do que a aprovação de Deus." Eles acreditavam, mas não queriam confessar. Estavam num impasse, crendo parcialmente, mas não plenamente – num estado de meia-fé.

Todos esses exemplos mostram que "acreditar" em Cristo não basta. Tiago nos diz que "Até mesmo os demônios crêem – e tremem!" (Tiago 2:19). Conversei com certo homem durante anos sobre Cristo e a salvação. Sua resposta? "Eu acredito em tudo, mas não estou disposto a entregar-lhe minha vida." Isso diz tudo. Precisa haver fé, mas também precisa haver confissão – compromisso.

E é por isso que Jesus diz a essa multidão de judeus: "Se vocês permanecerem firmes na minha palavra, verdadeiramente serão meus discípulos" (João 8:31). Tiago nos diz: "A fé, por si só, se não for acompanhada de obras, está morta." (Tiago 2:17). Jesus está dizendo a mesma coisa. Em suas palavras: "Mostre-me o caráter de sua fé continuando na minha Palavra – fazendo o que eu digo e vivendo como eu vivo." A palavra "permanecer" implica obediência. O discípulo verdadeiro *continua* e *permanece na* Palavra viva do Cristo vivo e obedece-lhe.

Muitos cristãos estabelecem uma dicotomia falsa na base de receber Jesus como Salvador e Senhor. Dizem: "Três anos atrás, aceitei Cristo como Salvador, mas hoje à noite faço dele meu Senhor." Os motivos para fazer essa declaração são excelentes, mas estão um pouco errados. Não *fazemos* Cristo nosso Senhor; ele já é. Quando você o aceita como Salvador, ele se torna também Senhor. A pergunta não é: "Cristo é Senhor da minha vida?" A pergunta é: "Eu obedeço ao senhorio de Cristo?"

Existem pessoas que alegam ser discípulos de Cristo, mas têm pouco amor pela sua Palavra, pela verdade. Um discípulo verdadeiro se orienta pela Palavra de Deus. As pessoas me dizem: "Por que você ensina apenas a Bíblia?" Que mais deveria ensinar? Onde mais os cristãos deveriam encontrar e aprender a verdade?

A palavra "discípulo" significa literalmente aprendiz. Um discípulo verdadeiro adora aprender aos pés de Jesus. E então ele ou ela se levanta, sai e se envolve. Um discípulo verdadeiro não é apenas ouvinte, é também um praticante (veja Tiago 1:22). Quando nos sentamos aos pés de Jesus, devemos *conhecer* a verdade e ser capazes de *praticar* a verdade. Por quê? *Porque ele é a verdade.*

Mas há mais. Em João 14:26, Jesus diz aos seus discípulos: "Mas o Conselheiro, o Espírito Santo, que o Pai enviará em meu nome, lhes ensinará todas as coisas." Sim, essa promessa se dirigia primariamente aos discípulos. Como vimos anteriormente, o Espírito Santo veio para orientá-los e capacitá-los enquanto escreviam as Escrituras inspiradas. Mas a promessa de Jesus se estende a cada cristão em todas as eras. Deus coloca o Espírito Santo em sua vida e então ele o guia para uma verdade cada vez maior.

Mas isso não é tudo. Deus também fornece o manual para aprender a verdade. Em João 17:17, Jesus orou por seus discípulos e disse: "Santifica-os na verdade; a tua palavra é a verdade." E onde está a Palavra de Deus? Nas Escrituras.

Temos Cristo, a verdade encarnada. Temos o Espírito Santo, nosso Guia e Conselheiro (não um instrutor militar). E temos o manual, a Bíblia, a Palavra inspirada e infalível de Deus. Isso tudo resulta na verdade, e uma vez que descobrimos a verdade, diz Jesus em João 8:32, estamos livres. Livres de quê? Livres das amarras da morte espiritual; livres da prisão do pecado; livres do poder escravizador de Satanás; livres da busca pela verdade; livres das frustrações de ter de se contentar com o niilismo, livres da exclusão da sociedade ou do Yin Yang.

A pretensão da liberdade

Voltando para a cena de João 8, observamos que os judeus que estão ouvindo Jesus não reagem da forma mais positiva. Em vez de aceitarem sua oferta, eles constroem um muro de justiça própria. Em João 8:33, ouvimos como eles afirmam ser descendentes de Abraão. Jamais foram escravos de ninguém. Como Jesus pode dizer que eles serão libertos? Quem precisa disso? No que diz respeito à sua alegação de nunca terem sido escravos, essas pessoas parecem ter memória curta. Naquele momento, eram escravos de Roma. Antes disso, haviam sido escravos dos sírios e dos gregos. Antes disso, da Babilônia e do Egito. Sempre que celebravam a Páscoa, eles se lembravam da libertação de um tempo de escravidão.

Mas devemos conceder-lhes o benefício da dúvida e supor que não estão falando sobre liberdade política, mas sobre a liberdade dos seus espíritos, de suas almas. Talvez estejam dizendo: "Nossos corações são livres porque somos os eleitos de Deus." Aqui, já se movimentam em solo um pouco mais fértil, mas ainda bastante frágil. Estão tentando chegar ao céu às sombras das conquistas de Abraão. Acreditam que Deus os aceitará e abençoará por causa de sua descendência racial. Têm tanta certeza de que são salvos por meio de Abraão que eles erguem um muro que Jesus não consegue derrubar. Jesus lhes oferece liberdade, mas eles não precisam dela, nem de Deus. Esses judeus teimosos ilustram perfeitamente um princípio bíblico fundamental. Você não pode dar uma bebida a alguém se não houver sede; você não pode dar uma refeição a alguém se não houver fome; você não pode dar liberdade a alguém se não houver consciência de escravidão. Mas Jesus não desiste. Ele vai diretamente ao que importa: "Digo-lhes a verdade: Todo aquele que vive pecando é escravo do pecado" (João 8:34).

Jesus desmascara sua farsa e hipocrisia. Ele confronta os judeus com seu pecado, e todos eles sabem que têm muito disso. Na verdade, João usa aqui a palavra grega *doulos*, que se refere à escravidão mais primária. O que Jesus está dizendo é: "Vocês acham que são livres, mas vocês são os mais ordinários dos escravos."

A promessa da liberdade

Mas Jesus não deixa seus ouvintes judeus na escravidão. Primeiro ele os adverte, dizendo: "O escravo não tem lugar permanente na família, mas o filho pertence a ela para sempre." (João 8:35). Nas traduções mais recentes, a palavra "filho" vem com o "f" minúsculo, que é correto. Jesus não faz referência a si mesmo, mas aos filhos em geral que têm direito permanente em suas casas, enquanto os escravos não têm direito algum. Escravos podem ser expulsos a qualquer momento.

Por que ele diz isso aos judeus? Porque a era do Antigo Testamento estava chegando ao fim. O fato de os judeus serem descendência de Abraão não mais lhes traria segurança. Judeus infiéis estavam tão condenados à escravidão espiritual quanto os gentios infiéis. O que, então, eles poderiam fazer? Como eles se podiam se tornar filhos, e não escravos? Jesus continua: "Portanto, se o Filho os libertar, vocês de fato serão livres" (João 8:36).

O único que pode libertar um escravo é uma pessoa com direito à herança ou lugar na família. Apenas o pai ou o filho podem libertar um escravo. O mesmo vale no nível espiritual. Na liberdade que Cristo, o Filho, provê, você está realmente livre. Qualquer um que crê e continua a seguir o Filho também é um filho de Deus (veja João 1:12).

Em poucas e breves declarações, Jesus oferece a verdade e a liberdade reais à multidão de judeus hostis. Eles as aceitam? Você pode ler o resultado no restante de João 8, mas Jesus sintetiza tudo no versículo 37. Eles – os judeus – são descendentes de Abraão. Eles recebem de Deus uma herança maravilhosa de orientação, verdade e fé, mas Jesus observa: "Contudo, estão procurando matar-me, porque em vocês não há lugar para a minha palavra." Antes do fim da cena, a multidão pega pedras para apedrejar Jesus, mas ele escapa. Eles rejeitam a verdade e optam pela escravidão no lugar da liberdade.

Quão livre sou?

A essa altura, você pode estar dizendo: "Tudo isso é muito interessante, mas eu já passei desse ponto. Eu reconheci minha necessidade. Não sou escravo do pecado. Sou filho de Deus e sei disso. A Bíblia ainda pode servir como fonte de verdade e liberdade, ou já recebi tudo que ela tem a oferecer?"

Ou talvez você persista em duvidar. Aqui em João 8 lemos que o Filho nos liberta, mas você nem sempre se sente livre. Por que não? A resposta está em João 8:31: *Se você permanecer no ensinamento de Cristo*, você é realmente discípulo dele. Se você permanecer na Palavra dele, você é um verdadeiro aprendiz sentado aos seus pés, e ele tem muito a lhe ensinar.

Ao longo da história, cada geração deve ter acreditado estar vivendo na era mais desafiadora e difícil possível. Não somos nenhuma exceção e temos bons motivos para nos preocupar. A tecnologia avança a cada dia. Temos o que há de melhor, de mais importante, em quantidades incríveis, mas estamos metidos em problemas. O milagre do filme produziu pornografia. O milagre da TV nos trouxe uma onda de lixo sutil (e não tão sutil), uma moralidade relativa ou a total falta de moralidade, que inunda nossas salas. E você pode estar certo de que ficará ainda pior. O milagre da divisão nuclear infelizmente deixou de herança à humanidade a devastação de Hiroshima e Nagasaki, e a ameaça constante da destruição do mundo. Agora, a chegada da internet, apesar de trazer uma quantidade incrível de conhecimentos úteis para a nossa tela, produziu também novos canais de pornografia e mais lixo que invade nossos lares e nossas vidas.

Poderíamos continuar com essa lista, mas a mensagem é clara: Tecnologia e educação podem ser coisas maravilhosas, mas elas podem ser também uma maldição. O fato é que precisamos da verdade para que ela nos ajude a controlar nossa tecnologia. A verdade é mais do que tecnologia, informação ou conhecimento. A verdade é mais do que fatos. O homem moderno é o melhor aproveitador de fatos na história, mas falta-lhe a verdade: a compreensão do significado das coisas, a percepção de como as coisas realmente são e de como ele deve lidar com elas.

Mas Jesus diz que podemos conhecer a verdade e que ela pode nos libertar. Ele nos deu a verdade em sua Palavra. O próximo passo importante cabe a nós. Se dissermos: "Sim, Senhor, eu acredito que tens a verdade", mas se não aprendermos a verdade, permanecemos escravos da nossa ignorância e acorrentados à nossa frustração. Quanto da verdade de Deus realmente lhe pertence? Você sabe em que lugar das Escrituras você pode encontrar a verdade sobre Deus ou sobre o homem ou sobre a vida e a morte?[2] Você consegue localizar rapidamente passagens que revelam a verdade sobre relacionamentos entre homens e mulheres, maridos e esposas, pais e filhos ou amigos e inimigos?[3] A Bíblia nos oferece a verdade até sobre o que devemos comer e beber, como devemos viver e pensar. Você sabe onde a Bíblia fala sobre esses temas?[4]

Nas Escrituras, descobrimos o que é certo e o que é errado. Descobrimos o que realmente importa, o que realmente tem sentido e propósito. Podemos descobrir onde e como podemos dedicar as nossas vidas e saber que podemos confiar nos resultados. Em Cristo, podemos conhecer a verdade, continuar na verdade e ser livres!

Resumindo

Jesus promete que conheceremos a verdade e que a verdade nos libertará. Obtemos acesso à sua verdade crendo nele e *permanecendo em seus ensinamentos*. O desafio para cada discípulo é este: "Quanto das Escrituras, da verdade, realmente me pertence? Estou permanecendo na Palavra de Cristo ou estou à deriva na meia-luz, no pântano da meia-fé?"

Não basta dizer que você acredita na Bíblia. Os demônios acreditam e tremem. Alguns dizem acreditar, mas não estremecem nem um pouco. Mas deveriam.

Os cristãos não alegam "entender tudo". Não precisam entender tudo. Eles têm a verdade em Cristo e em sua Palavra. Os cristãos permanecem na Palavra, nos ensinamentos de seu Senhor. Ele é a verdade.

Algumas perguntas pessoais

1. Neste capítulo, um jovem formado pela universidade de Boston diz ter se despedido da sociedade e se entregado às drogas. Agora, pelo menos, ele não precisa mais "fazer aquelas perguntas". "Não ter de fazer perguntas" é bom? Por que ou por que não?

_____

_____

2. Se "continuar na palavra de Cristo" e "permanecer em seus ensinamentos" significa ser um verdadeiro discípulo, como você se avaliaria numa escala de 1 a 10, sendo 10 "realmente fiel"?

_____

_____

3. As Escrituras dizem que conhecer Cristo pode libertar. Como você pode saber que está livre? O que ainda parece estar prendendo você de alguma forma?

_____

_____

4. Qual é a diferença entre "entender tudo" e ter a verdade em Cristo e em sua Palavra?

Versículos-chave para lembrar

Se vocês permanecerem firmes na minha palavra, verdadeiramente serão meus discípulos. E conhecerão a verdade, e a verdade os libertará.

João 8:31,32

Portanto, se o Filho os libertar, vocês de fato serão livres.

João 8:36

7

A Palavra de Deus: Guia para a vontade dele

Sempre que me envolvo numa discussão espiritual com alguém, em algum momento, a conversa gira em torno do que Deus quer em determinada situação. Como conhecer a vontade de Deus, como descobrir a vontade de Deus (e, às vezes, como evitar a vontade de Deus) são preocupações centrais na vida de muitos cristãos.

Além dessas preocupações, muitas vezes, também detecto alguma confusão. As pessoas dizem: "Faço isso porque é a vontade de Deus"; outras dizem: "Eu não faço essa mesma coisa porque é a vontade de Deus." Ouvi falar de um moço que sugeriu anotar todos os argumentos a favor de fazer algo numa coluna, e todos os outros argumentos contra em outra. A coluna com o maior número de argumentos determinaria a decisão. Você não precisa ler muitas páginas dos jornais para reconhecer que a vontade de Deus – ou aquilo que as pessoas acreditam ser a vontade de Deus – é culpada por muitos comportamentos bizarros ou até mesmo trágicos.

Muitas pessoas com as quais converso parecem acreditar que a vontade de Deus se perdeu. Ouço o tempo todo: "Estou procurando a vontade de Deus." Sempre que ouço isso, pergunto: "Ela se perdeu?" O conceito de procurar pela vontade de Deus suscita a impressão de que Deus é o Grande Coelho de Páscoa no Céu. Ele pula pelo universo e esconde sua vontade em algum mato sobrenatural, enquanto nós corremos por todos os lados tentando encontrá-la. De vez em quando, ele grita lá do alto: "Está esquentando!"

Outras pessoas veem Deus como um tipo de estraga-prazeres cósmico, sempre exigindo que as pessoas façam algo miserável ou entediante. Existe também aquela abordagem que diz: "Se você encontrar a vontade de Deus, maravilha. Mas se você não a encontrar, não se preocupe. Você vai para o céu mesmo assim."

Em vista de todos esses conceitos e equívocos, qual *é* a vontade de Deus? Há como saber? Podemos identificá-la? Deus realmente tem uma vontade para as nossas vidas? Eu acredito que sim e que ele não a escondeu em lugar algum. Se Deus tem uma vontade, ele a revelará.

Existe um grande número de fórmulas e sistemas que tratam da pergunta de como Deus revela sua vontade. Alguns são excelentes, como *Getting to Know the Will of God* [Descobrindo a vontade de Deus], de Alan Redpath. Ele compara a busca pela vontade de Deus com a navegação de um navio com a ajuda de três luzes de navegação: a Bíblia, o testemunho interior do Espírito Santo e circunstâncias externas. Quando todas as três luzes estiverem alinhadas, você pode seguir em frente.[1]

O psicólogo James Dobson oferece quatro critérios para testar suas impressões e conferir se elas correspondem à vontade de Deus: 1) É bíblico? 2) É correto? 3) É providencial? 4) É sensato?[2]

Em seu livro útil *Living God's Will* [Vivendo a vontade de Deus], Dwight L. Carlson cita pelo menos 10 passos específicos para conhecer a vontade de Deus: ser obediente, estar aberto, usar a Palavra de Deus, a oração, o Espírito Santo, o conselho de outros, circunstâncias providenciais, a avaliação, a decisão e estar em paz.[3]

É interessante observar que todos os três sistemas que mencionei falam sobre usar as Escrituras. Alguns anos atrás, decidi realizar meu próprio estudo para determinar qual é a vontade de Deus para os cristãos, *segundo sua própria Palavra*. As fórmulas eram úteis, mas fiquei me perguntando: O *que a Bíblia diz realmente sobre "a vontade de Deus"*?

Abri as Escrituras e estudei cada passagem que encontrei sobre a vontade de Deus. Descobri cinco princípios básicos que cada cristão pode usar para descobrir a vontade de Deus para sua vida.

Primeiro princípio: A salvação é para todos

Primordial entre as coisas que Deus deseja é a promessa de 2Pedro: "O Senhor [...] é paciente com vocês, não querendo que ninguém pereça, mas que todos cheguem ao arrependimento" (2Pedro 3:9). Você encontra este mesmo pensamento em 1Timóteo, onde Paulo diz que Deus "deseja que todos os homens sejam salvos e cheguem ao conhecimento da verdade" (1Timóteo 2:4).

Na verdade, a vontade de Deus para todos nós começa na salvação. Jesus deixa isso evidente numa passagem curta em Marcos. Sua mãe e seus irmãos chegam ao local onde ele está ensinando e perguntam por ele. A multidão lhe diz: "Tua mãe e teus irmãos estão lá fora e te procuram" (Marcos 3:32). Jesus responde: "Quem é minha mãe, e quem são meus irmãos?" (Marcos 3:33). Então, olhando para aqueles sentados à sua volta ouvindo sua palavra, ele responde à sua própria pergunta: "Aqui estão minha mãe e meus irmãos! Quem faz a vontade de Deus, este é meu irmão, minha irmã e minha mãe" (Marcos 3:34).

O que Jesus estava dizendo era: "A vontade de Deus é que vocês se tornem meus parentes por meio da fé, não por meio de laços familiares humanos."

O quanto Deus queria que fôssemos salvos? "Todavia, Deus, que é rico em misericórdia, pelo grande amor com que nos amou, deu-nos vida juntamente com Cristo, quando ainda estávamos mortos em transgressões — pela graça vocês são salvos" (Efésios 2:4,5).

Infelizmente, dizer às pessoas que a vontade de Deus é que elas sejam salvas nem sempre é popular. Certa vez, participei de uma campanha de evangelização "relâmpago" da Campus Crusade for Christ no campus da universidade da Califórnia em Los Angeles. Causamos alguma agitação testemunhando a todos que conseguíamos encontrar. No dia seguinte, o *Daily Bruin*, o jornal do campus, publicou um grande artigo com uma caricatura mostrando o mascote Bruin deitado no chão com o sapato de um cristão em sua nuca, como se o cristão tivesse abatido o coitado do ursinho. O cristão usava uma etiqueta com as iniciais CCC que evocava o KKK — o Ku Klux Klan.

O artigo incluía uma citação do reitor que afirmava que haveria um ato disciplinatório se a campanha não fosse interrompida imediatamente. Ele citou os regulamentos da universidade, que diziam que o campus "não deve ser usado para a conversão religiosa". Nós paramos, é claro, mas todos nós achamos isso um pouco irônico. Os estudantes podem frequentar a UCLA e se manifestar como ateus, agnósticos ou qualquer outra coisa por se sentirem totalmente alienados de Deus, mas "ser salvo" é contra as regras. Você precisa atravessar a rua para fazer isso. Por que ser salvo é tão impopular num campus secular? Porque ser salvo lida com pecado, e o homem secular não quer responder a qualquer conversa que fale sobre seu pecado. Mas é por aqui que tudo começa. Se você não conhecer Jesus Cristo pessoalmente, você jamais tomará o primeiro passo em direção à vontade de Deus.

Segundo princípio: Seja preenchido pelo Espírito

Segundo a Palavra de Deus, um segundo passo em direção à vontade de Deus é estar cheio do Espírito Santo. No quinto capítulo da epístola que escreveu para ajudar os cristãos de Éfeso a não voltar para o legalismo, Paulo diz: "Tenham cuidado com a maneira como vocês vivem; que não seja como insensatos, mas como sábios, aproveitando ao máximo cada oportunidade, porque os dias são maus. Portanto, não sejam insensatos, mas procurem compreender qual é a vontade do Senhor. Não se embriaguem com vinho, que leva à libertinagem, mas deixem-se encher pelo Espírito" (Efésios 5:15-18).

Eu costumava me perguntar por que Paulo contrastaria o deixar-se encher pelo Espírito com o ficar bêbado. De alguma forma, isso não me parecia correto. Mas finalmente descobri o sentido disso. Quando você se embriaga, você se submete ao controle do álcool, que impregna seu sistema. E quando o álcool assume o controle, você se torna a pessoa que o álcool o leva a

A PALAVRA DE DEUS: GUIA PARA A VONTADE DELE   109

ser. É isso que estar "sob a influência" significa. E é claro também que os pagãos dos dias de Paulo acreditavam que a embriaguez facilitava sua comunhão com seus deuses. Paulo mostra que não é o vinho que faz isso, mas o Espírito Santo, que nos abre para Deus.

Eu tinha um amigo que era alcoólatra. Desde seus 17 até os 22 anos de idade, ele nunca esteve sóbrio por mais de duas semanas seguidas. Quando estava sóbrio, ele era quieto, meigo e manso. Quando tomava álcool, ele se transformava em algo diferente. Certa noite ele ligou para mim, totalmente bêbado, e eu fui até a sua casa para ajudá-lo. Quando entrei, ele pegou uma garrafa de Jack Daniels e a jogou diretamente em minha direção. Eu me agachei, e a garrafa explodiu na parede. Decidi sair dali e voltar mais tarde, quando ele estivesse livre da influência do "velho Jack" e seus amigos.

Paulo usa o exemplo negativo da embriaguez para ilustrar o que significa estar cheio do Espírito Santo. Quando você cede ao álcool o controle de sua vida, ele assume. E quando você está cheio do Espírito, é óbvio que o Espírito assume o controle. Em ambos os casos, você perde o "autocontrole", e ele é substituído por algo diferente. Em ambos os casos submete-se a um poder interior. E a parte mais maravilhosa de estar sob o controle do Espírito é que você nem precisa fazer perguntas, você simplesmente age dentro da vontade de Deus.

Uma maneira de ver o lado prático de uma vida cheia do Espírito é enxergar isso como viver cada momento na presença consciente de Jesus Cristo. A vida preenchida pelo Espírito não é nenhum mistério; é simplesmente a consciência de estar em Cristo.

No entanto, devo fazer um alerta: Ter a consciência de Cristo não significa andar por aí sussurrando: "Eu sei que estás aí...

Sei que estás aí... Sei que estás aí..." Essa é a abordagem legalista, fetichista usada pelos fariseus. Às vezes, estes eram chamados de "fariseus feridos e sangrentos", um apelido que receberam por acreditar que era pecado olhar para uma mulher. Sempre que uma mulher passava por eles, eles fechavam os olhos e murmuravam: "Não posso olhar... Não posso olhar..." e se chocavam contra uma árvore!

Não é isso que estar cheio do Espírito significa, mas viver cada dia com os olhos totalmente abertos, impregnado com a presença de Cristo. E como isso acontece? Estudando sua Palavra. Quanto mais eu me concentrar em Cristo e na Palavra de Deus, mais os pensamentos de Deus impregnarão minha mente; e quanto mais os pensamentos de Deus impregnarem minha mente, maior será a minha submissão a ele.

Infelizmente, quando se trata da vontade de Deus, muitos cristãos pulam esse passo crucial de deixar-se encher com o Espírito. Em vez disso, vão diretamente para a pergunta se devem se casar com Suzy ou George, se devem fazer esse curso ou aceitar aquele emprego, comprar esse carro etc. Oram e oram pela vontade de Deus, mas nem cederam ao controle do Espírito Santo. Não, a vontade de Deus não está perdida ou escondida. Está bem aí, plenamente visível em sua Palavra – seja salvo e, depois, deixe-se encher com o Espírito!

Terceiro princípio: Seja santificado

Um terceiro ensinamento claro na Palavra de Deus sobre sua vontade diz respeito à nossa santificação, ou em palavras mais simples e mais úteis, à nossa pureza e santidade. Quando escreveu aos cristãos tessalonicenses, Paulo disse: "A vontade de Deus é que vocês sejam santificados: abstenham-se da imoralidade sexual. Cada um saiba controlar o próprio corpo de maneira santa e honrosa, não com a paixão de desejo desenfreado, como os pagãos que desconhecem a Deus" (1Tessalonicenses 4:3-5).

Para os cristãos, os termos "pureza" e "santidade" são, muitas vezes, palavras desagradáveis. Parecem expressar justiça própria e hipocrisia. Na verdade, porém, pureza e santidade são duas partes essenciais da vida cristã.

Em 1Tessalonicenses 4:3,4, você encontra vários princípios para a santidade. O primeiro é bastante claro: "Abstenham-se da imoralidade sexual." Fique longe dos pecados sexuais. Paulo quis dizer que sexo é do mal? É claro que não. Sexo é um relacionamento humano lindo e glorioso – dentro do casamento. Mas imoralidade sexual ("fornicação" em algumas traduções) diz respeito ao sexo fora do casamento, a tudo desde o sexo antes do casamento até perversões como bissexualidade e homossexualidade.

Existe, é claro, uma tendência por parte dos adultos mais velhos de atribuir a maioria dos pecados sexuais aos jovens. Adultos a partir dos 30 anos de idade se queixam dos adolescentes e dos casais mais jovens que vivem juntos sem estarem casados.

Mas as tentações sexuais e a convivência não são privilégio dos jovens. Na verdade, devem existir mais problemas entre os adultos acima dos 30. As dificuldades de homens na crise da meia-idade foram bem documentadas por Jim Conway.[4] Evidentemente, as mulheres também têm seus problemas. Como disse certa esposa: "De repente... percebi que as ruas estão cheias de homens... Durante anos, devo ter passado por eles de olhos fechados, mas agora os vejo muito bem. Não vejo outra coisa."[5]

Não importa a idade que você tenha, o impulso sexual é uma força poderosa. Se o Espírito Santo não estiver no controle, é fácil ultrapassar a linha. Qual é a linha? Se você se perguntar isso, é muito provável que já tenha passado dela.

Outro princípio da santificação que está em 1 Tessalonicenses 4:3 simplesmente acrescenta que *cada um de nós* deveria controlar seu corpo. Não há exceções nem privilégios. Existem pessoas que não praticam diretamente a imoralidade, mas elas se divertem observando como outros a praticam. Lembro-me de ter ouvido falar de um grupo de estudantes numa faculdade cristã que decidiu usar sua liberdade cristã para assistir a um filme pornográfico. Evidentemente tinham muitas explicações para dizer que *eles* jamais fariam ao que estavam assistindo. Mas se você for assistir àquilo, você pode muito bem fazê-lo, pois os efeitos sobre sua santificação são os mesmos.

Lembre-se também de que, mesmo podendo dizer que você nunca assistiu a esse tipo de filme, você pode estar assistindo à mesma coisa em sua sala. A cada temporada, a TV traz mais violência, pornografia e imoralidades. Ao que você tem assistido?

Hoje em dia, o mal, o prazer e a imoralidade vêm em todos os tipos de embalagens. Segundo 1 Tessalonicenses 4:3, a vontade de Deus é que nenhum cristão se entretenha, se interesse ou se envolva nisso. Pureza e santidade cristãs não são hipocrisia ou justiça própria. São parte essencial de se desejar fazer a vontade de Deus. Se corrermos por aí tentando encontrar respostas específicas de Deus para determinadas perguntas e estivermos vivendo uma vida impura, por que Deus deveria nos dar essas respostas se não obedecermos a uma parte importante de sua vontade que ele já revelou?

A vontade de Deus é que sejamos salvos, que nos deixemos encher pelo Espírito e que sejamos santificados – separados como povo puro e santo preparado para seu serviço.

Quarto princípio: Seja submisso

A vontade de Deus abarca também a submissão. Não, isso não se refere apenas às esposas. Estou falando sobre o ensinamento claro de Pedro, que aconselha que todos se "sujeitem a toda autoridade constituída entre os homens; seja ao rei, como autoridade suprema, seja aos governantes, como por ele enviados para punir os que praticam o mal e honrar os que praticam o bem. Pois é da vontade de Deus que, praticando o bem, vocês silenciem a ignorância dos insensatos" (1Pedro 2:13-15).

Pedro está nos dizendo: "Obedeça à lei." Mas será que estamos realmente ouvindo direito o que Pedro está dizendo? Sujeitar-nos a *toda* autoridade, a *toda* lei do homem? E se não concordarmos? E aquela passagem em Atos em que Pedro e os outros apóstolos foram levados ao tribunal, onde receberam a ordem de parar de pregar e ensinar sobre Cristo? Na ocasião, Pedro não disse que "É preciso obedecer antes a Deus do que aos homens"? (Atos 5:39).

Haverá momentos em que precisaremos decidir se queremos obedecer a Deus ou ao governo, mas Pedro não está falando sobre isso nessa carta. Está falando sobre ser um bom cidadão e, portanto, sobre ser uma boa testemunha de Cristo. É por isso que ele continua e diz: "Vivam como pessoas livres, mas não usem a liberdade como desculpa para fazer o mal; vivam como servos de Deus. Tratem a todos com o devido respeito: amem os irmãos, temam a Deus e honrem o rei" (1Pedro 2:16,17).

Conversei com um homem durante uma visita à prisão. Ele me procurou depois da pregação e me disse que gostou muito da mensagem, que era cristão há vários anos. Perguntei por que ele estava preso, e ele explicou que deixara de pagar 30 multas de trânsito e mais algumas coisinhas, tudo isso enquanto professava ser cristão. Da forma mais sutil possível, eu lhe disse que, se ele não endireitasse sua vida, seria melhor as pessoas não saberem que ele é cristão. É verdade que a graça de Deus pode facilmente superar 30 multas, mas a inconsistência e evidente falta de sinceridade desse homem era um testemunho pobre.

Não é nosso dever apenas pagar impostos, obedecer aos limites de velocidade e às outras leis do país, Pedro diz também que devemos ser submissos em nosso trabalho: "Escravos, sujeitem-se a seus senhores com todo o respeito, não apenas aos bons e amáveis, mas também aos maus" (1Pedro 2:18). A maioria das pessoas já não precisa mais viver em escravidão hoje em dia, embora outros trabalhem para chefes que poderiam bem ser chamados de "escravagistas". Não importa, diz Pedro, submeta-se mesmo assim. Por quê? Porque é um bom testemunho para Jesus Cristo.

Se quisermos ser cristãos e fazer a vontade de Deus, a submissão faz parte do combinado. Vivemos num sistema ímpio, e a vontade de Deus é que nossa vida seja exemplar. Isso inclui não só obedecer às leis e aos empregadores. Inclui também, segundo Pedro, demonstrar respeito a todos. Dr. Harold L. Fickett Jr.[6] e eu éramos palestrantes na mesma conferência bíblica. Ele contou uma história que ilustra lindamente a necessidade de ser menos reativo, menos rígido e simplesmente mais agradável com as pessoas.

Um homem cristão estava dirigindo na estrada quando outro carro se aproximou dele e começou a buzinar.

Aparentemente, nosso amigo cristão não estava com muita pressa e deve ter achado que algum "idiota impaciente" estava tentando ultrapassá-lo.

A buzina atrás dele não se calava.

Então, começou a ficar irritado e, em determinado momento, não aguentou mais. Chegaram a um semáforo, ele parou, saiu do carro, correu até o "buzinador maluco" e disse: "Se você não parar de buzinar, eu..." Foi então que o outro motorista lhe disse: "Ah, perdão. Eu vi o adesivo no seu para-choque: 'Buzine se você ama Jesus', e naturalmente eu buzinei."

O que vale para os outros princípios vale também para esse princípio da submissão: se estivermos buscando a orientação específica de Deus, mas não formos o tipo de cidadão que devemos ser, o tipo de empregado que devemos ser ou o tipo de pessoa que devemos ser em nossos relacionamentos, nós não a encontraremos. Precisamos obedecer à vontade de Deus que nos foi claramente revelada: ser salvos, deixar-nos encher pelo Espírito, ser santificados e submissos. O resto se resolve por conta própria.

Quinto princípio: Sofra pelo nome de Jesus

A quinta e última coisa que a Palavra de Deus diz sobre a sua vontade é que devemos sofrer. A maioria de nós acha que já cumpriu esse quesito. Dizemos: "Eu sofro, sofro com minha esposa, com meu marido, com minha sogra, com meus filhos." O pastor diz que sofre com seus diáconos, e os diáconos dizem que sofrem com seu pastor. Todos conseguimos citar alguma coisa que nos causa sofrimento em alguma medida.

Sinto muito, mas Pedro não está falando sobre os desagrados e as frustrações do dia a dia. Pedro escreveu essa carta a cristãos que estavam sofrendo por causa de sua fé. É por isso que ele diz: "Amados, não se surpreendam com o fogo que surge entre vocês para os provar, como se algo estranho lhes estivesse acontecendo. Mas alegrem-se à medida que participam dos sofrimentos de Cristo, para que também, quando a sua glória for revelada, vocês exultem com grande alegria. Se vocês são insultados por causa do nome de Cristo, felizes são vocês, pois o Espírito da glória, o Espírito de Deus, repousa sobre vocês. Se algum de vocês sofre, que não seja como assassino, ladrão, criminoso ou como quem se intromete em negócios alheios. Contudo, se sofre como cristão, não se envergonhe, mas glorifique a Deus por meio desse nome. [...] Por isso mesmo, aqueles que sofrem de acordo com a vontade de Deus devem confiar suas vidas ao seu fiel Criador e praticar o bem." (1Pedro 4:12-16, 19).

Se estivermos tendo problemas com nosso cônjuge, nossos parentes ou nosso pastor, é muito provável que parte da culpa seja nossa. Pedro está falando sobre o *sofrimento por fazer o bem* – por viver uma vida santa numa sociedade ímpia. Faça isso e você atrairá o fogo inimigo. Se você sair e confrontar o mundo em nome de Jesus Cristo e sofrer, essa é a vontade de Deus.

Sim, poucos de nós, pelo menos no Ocidente, sabemos o que significa sofrer por Jesus, e eu me incluo nisso. No entanto, provei um pouco disso quando preguei numa faculdade secular sobre "Cristianismo e cultura". Falei sobre cultura durante algum tempo e depois passei a falar sobre por que Jesus é o Messias. A maioria dos estudantes era composta por judeus, por isso, achei que seria um tema apropriado para uma discussão sobre cultura. O evento ficou bastante agitado em vista do antagonismo das muitas pessoas presentes. Mas eu confiei em Deus e confessei o que acredito ser a verdade.

Nos dias seguintes, recebi cartas com ameaças de explodir a nossa igreja. Num dos telefonemas, alguém me disse que explodiria a igreja durante o culto dominical. Recebi chamadas obscenas em casa no meio da noite.

Durante toda essa experiência, provei o gosto do sofrimento, mas a melhor parte é que algumas pessoas foram salvas. Lembro-me especificamente de um garoto chamado Dan que me procurou pouco tempo após ouvir minha mensagem sobre "Cristianismo e cultura". Eu o conduzi a Cristo, e ele se tornou um membro-chave da nossa comunidade.

Não precisamos procurar o sofrimento, mas precisamos estar dispostos a defender nossa posição, e, se sofrermos, o Espírito e a glória de Deus estarão conosco.

Resumindo

Existem muitas dúvidas e muita confusão sobre a vontade de Deus, mas não se trata de um mistério que não possa ser resolvido e não é a causa de comportamentos bizarros. A vontade de Deus não está perdida,[7] tampouco se trata de algo que algumas pessoas encontram, e outras, não.

Existem muitas fórmulas e sistemas bons para aprender a vontade de Deus, mas o melhor sistema é simplesmente o que a Bíblia ensina ser sua vontade:

- Ele quer que sejamos salvos (veja 2Pedro 3:9).
- Ele quer que sejamos cheios do Espírito (veja Efésios 5:15-18).
- Ele quer que sejamos santificados (veja 1Tessalonicenses 4:3,4).
- Ele quer que sejamos submissos (veja 1Pedro 2:13-15).
- Ele quer que estejamos dispostos a sofrer (veja 1Pedro 4:12-19).

A essa altura, você pode estar pensando: "Todos esses princípios bíblicos parecem fazer sentido, mas são muito gerais. Mas qual é a vontade de Deus quando se trata de assumir um emprego novo, escolher um parceiro, comprar um carro ou uma casa e as milhares de outras decisões que preciso tomar em minha jornada e em meu testemunho cristãos?"

Bem, tenho mais um princípio sobre fazer a vontade de Deus, e ele pode parecer bom demais para ser verdadeiro. Se você é salvo, está cheio do Espírito, se você é santificado, submisso e está disposto a sofrer, sabe qual é o próximo passo? *Faça o que você quiser!*

O que você quiser? Sim, porque se você recorrer à Palavra de Deus para cuidar das cinco áreas discutidas anteriormente, Deus já está controlando seus desejos. Ele "efetua em vocês tanto o querer quanto o realizar, de acordo com a boa vontade dele." (Filipenses 2:13).

Algumas perguntas pessoais

1. Quais dos cinco princípios bíblicos discutidos neste capítulo mais dizem respeito a você em relação à vontade de Deus, e por quê?

   _____

   _____

2. Em vários lugares, este capítulo ressalta que, se você não estiver obedecendo aos cinco princípios claramente apresentados pelas Escrituras como vontade de Deus, você não deve esperar orientações específicas em determinadas situações. Você concorda ou discorda? Por quê?

   _____

   _____

3. Este capítulo afirma: "Uma vida preenchida pelo Espírito é viver cada momento na presença consciente de Jesus Cristo." Por que isso é tão difícil para a maioria de nós? A solução sugerida – impregnar sua mente com a Palavra de Deus – funciona para você? Por que ou por que não?

4. Segundo o último parágrafo deste capítulo, se você estiver procurando fazer a vontade de Deus nas cinco áreas discutidas, você pode fazer o que quiser em áreas específicas. Qual é o ponto forte dessa ideia? Quais são os possíveis perigos?

Versículos-chave para lembrar

Procurem compreender qual é a vontade do Senhor. Não se embriaguem com vinho, que leva à libertinagem, mas deixem-se encher pelo Espírito.

Efésios 5:17,18

Pois é Deus quem efetua em vocês tanto o querer quanto o realizar, de acordo com a boa vontade dele.

Filipenses 2:13

8

A Palavra de Deus: O caminho para crescer

Você já viu algo ou alguém que não cresce? É uma visão triste, por exemplo, deparar-se com um homem de 30 anos de idade que ainda tem a mente de um bebê e que ainda usa fraldas. Por causa de ferimentos cerebrais ou algum distúrbio mental, algumas pessoas não se desenvolvem. Seus corpos crescem até certo ponto, mas elas permanecem bebês no que diz respeito ao resto de seu crescimento e de sua maturidade.

Algo quase igualmente entristecedor é ver cristãos que não se desenvolvem. Em termos espirituais, permanecem atrofiados, nunca se transformando naquilo que Deus tem em mente para eles. Se você desafiar esses cristãos, eles negam que seu objetivo seja pouco ou nenhum crescimento. (Na verdade, argumentarão que *estão* crescendo – em seu próprio ritmo.) Todos querem crescer; algumas pessoas apenas querem crescer sem esforço, e o problema está nessa atitude.

Quando frequentava a faculdade, eu desperdiçava meu tempo e crescia pouco, se é que eu crescia. Mas quando entrei no seminário, eu senti o gosto da Palavra de Deus de forma nova e diferente. Durante aqueles dias no seminário, aprendi a estudar a Bíblia sistematicamente, e foi aí que comecei a crescer. Desde então, descobri que meu crescimento espiritual está diretamente relacionado ao tempo e ao esforço investidos no estudo das Escrituras. Muitos cristãos aos quais servi ou com os quais trabalhei concordariam comigo.

Quando cristãos não crescem, normalmente o problema deve-se à não permanência destes na Palavra de Deus. Vão para a igreja e se sentam. Levam seus copos, enchem-nos e derramam seu conteúdo ao sair da igreja. Reclamam de não tirar muito proveito da igreja e da vida cristã. São fracos e sem ânimo quando precisam enfrentar tentações, provações, problemas e desafios. Falta-lhes o entusiasmo para fazer qualquer coisa para o Senhor.

Suas almas estão esfomeadas e desejosas de alimento espiritual. A Bíblia descreve-se a si mesma como leite, pão e carne, mas em termos espirituais muitos cristãos vivem de batatas fritas, Coca-Cola e M&Ms. Não estão crescendo porque não há base para crescer. Ironicamente, a solução para os seus problemas está naquele alimento que eles se recusam a ingerir – a Palavra de Deus.

Como se alimentar de modo a crescer espiritualmente

Existem várias passagens bíblicas excelentes que falam sobre crescimento espiritual, mas talvez a melhor (e, certamente, a principal) está em 1Pedro. Pedro escreveu duas epístolas do Novo Testamento a cristãos que se encontravam sob intensa perseguição. Porque estavam pregando que o mundo seria destruído pelo fogo, as autoridades romanas suspeitavam de suas intenções e os viam como ameaça à segurança do império. Mas o ímpeto da mensagem de Pedro a eles é claro: Não se preocupem. Coloquem suas esperanças em Cristo e aprendam a viver à luz disso, não sob suas circunstâncias atuais.

Os cristãos que leram as cartas de Pedro provavelmente não estavam muito preocupados com seu crescimento "sob as circunstâncias em que viviam". Concentravam-se em sua mera sobrevivência. No entanto, em sua primeira carta, Pedro lhes diz que parte da razão pela qual eles podem ter esperança é a Palavra viva de Cristo:

> Pois vocês foram regenerados, não de uma semente perecível, mas imperecível, por meio da palavra de Deus, viva e permanente. Pois, 'toda a humanidade é como a relva, e toda a sua glória, como a flor da relva; a relva murcha e cai a sua flor, mas a palavra do Senhor permanece para sempre'. Essa é a palavra que lhes foi anunciada. Livrem-se, pois, de toda maldade e de todo engano, hipocrisia, inveja e toda espécie de maledicência. Como crianças recém-nascidas, desejem de coração o leite espiritual puro, para que por meio dele cresçam para a salvação, agora que provaram que o Senhor é bom (1Pedro 1:23-2:3).

Uma das muitas afirmações que a Bíblia faz sobre si mesma é que ela é "Palavra viva". Em Filipenses 2:16, Paulo a chama de "palavra da vida". Hebreus 4:12 diz: "A palavra de Deus é viva e eficaz." Aqui em 1Pedro 1:23, a palavra de Deus é "viva e permanente". Não há declarações mais significativas ou mais importantes sobre a Bíblia do que estas. É por meio da Palavra viva que nós renascemos e que somos reavivados espiritualmente. É por meio da Palavra viva que crescemos em Cristo.

A Palavra de Deus é viva e produz vida

A Palavra de Deus é a única coisa – além da Trindade – que é viva num sentido eterno. No mundo ao nosso redor, as coisas que chamamos de "vivas" estão, na verdade, morrendo. Aquilo que chamamos de "terra dos vivos" deveria ser chamado de "terra dos moribundos", pois por toda parte a morte está fazendo sua obra de decomposição e destruição. No fim das contas, a morte é o monarca deste mundo. Diante desse pano de fundo de decomposição e morte, a Palavra de Deus se destaca como realmente viva. A corrupção deste mundo não pode afetar a Palavra de Deus; não consegue remover sua validade; não consegue deteriorar sua realidade; não consegue decompor sua verdade.

A Palavra de Deus está viva num sentido mais real do que você e eu estamos vivos. Pedro cita Isaías 40:6-8: "Pois, 'toda a humanidade é como a relva, e toda a sua glória, como a flor da relva; a relva murcha e cai a sua flor, mas a palavra do Senhor permanece para sempre'" (1Pedro 1:24,25).

Um dos muitos indícios da vida na Palavra de Deus é seu frescor eterno. Em cada geração, para cada pessoa que a encontra, ela se apresenta viva e fresca. Tenho lido algumas partes da Bíblia muitas e muitas vezes. Eu já as decorei e poderia pensar que jamais teria de relê-las, mas, em muitos casos, estou apenas começando a compreender o que elas dizem. Certa vez, li o livro de Colossenses todos os dias durante 90 dias e, depois de tudo isso, o livro de Colossenses até hoje guarda mistérios que ainda não consegui desvendar. Toda vez que leio Colossenses, adquiro novo entusiasmo e novos conhecimentos.

Outra coisa que diz que a Palavra de Deus é viva é que ela nunca se torna obsoleta. No fundo das bibliotecas você encontra muitos livros e manuais obsoletos. De uns anos para cá, a cada dia, as descobertas científicas tornam obsoletos dezenas e até centenas de livros. Mas as verdades atemporais da Bíblia nunca se tornam obsoletas. São tão atuais e relevantes quanto a próxima geração de homens e mulheres que necessitam desesperadamente de sua mensagem.

E uma das razões mais convincentes para dizer que a Palavra de Deus é viva é seu poder. A Bíblia discerne os corações. As Escrituras me conhecem a ponto de me fazer tremer. Por meio da Bíblia, o Espírito Santo consegue me abrir e revelar minhas falhas, minhas necessidades, minhas fraquezas – e meus pecados. Não surpreende, portanto, que Hebreus 4:12 nos diz: "Pois a palavra de Deus é [...] mais afiada que qualquer espada de dois gumes; ela penetra ao ponto de dividir alma e espírito [...] e julga os pensamentos e intenções do coração."

E o mais importante: A Palavra de Deus é viva porque ela produz crescimento. Como ressalta 1Pedro 1:23: "Pois vocês foram regenerados, não de uma semente perecível, mas imperecível, por meio da palavra de Deus, viva e permanente." O grande mistério de todo ser vivo é sua capacidade de reprodução. E, segundo Pedro, reproduzir-se é exatamente o que a Bíblia faz. A única maneira de ser "um filho de Deus" é nascer de novo pela Palavra de Deus. Quando ela é verdadeiramente ouvida e aceita com sinceridade por um coração que foi preparado por Deus, essa Palavra se torna uma semente espiritual inextinguível e incorruptível. Essa semente é o embrião de uma nova criação e germina quando transforma o ouvinte que crê na Palavra de Deus em um filho de Deus.

Jesus ilustra o mesmo conceito em sua parábola do semeador em Lucas 8. O fazendeiro semeia, e algumas sementes caem no caminho, algumas em solo rochoso, algumas entre as ervas daninhas e algumas em solo fértil que produz fruto. Ao explicar sua parábola aos discípulos, Jesus diz: "A semente é a palavra de Deus. As que caíram à beira do caminho são os que ouvem, e então vem o diabo e tira a palavra dos seus corações, para que não creiam e não sejam salvos" (Lucas 8:11,12).

O ingrediente indispensável para que uma pessoa creia e seja salva é a Palavra de Deus! Evidentemente, trata-se daquele ingrediente que Satanás quer tirar de você. Se Satanás falhar na tentativa de tirar a Palavra de Deus de você, o resultado é a vida. Observe as palavras de Jesus em Lucas 8:15: "Mas as que caíram em boa terra são os que, com coração bom e generoso, ouvem a palavra, a retêm e dão fruto, com perseverança."

Para mais uma confirmação bíblica do poder da Palavra de trazer vida, veja João 6:63: "O Espírito dá vida; a carne não produz nada que se aproveite. As palavras que eu lhes disse são espírito e vida." A Palavra de Deus, nas mãos do Espírito Santo, é o agente doador de vida. O Espírito de Deus produz vida usando a Palavra de Deus!

Como deixar de se alimentar de lixo espiritual

Uma das razões pelas quais tantos cristãos sofrem de desnutrição espiritual é que eles vivem se alimentando de uma dieta de "lixo" no que diz respeito ao desenvolvimento do caráter espiritual. Pedro está ciente disso, e é por isso que ele diz: "Livrem-se, pois, de toda maldade e de todo engano, hipocrisia, inveja e toda espécie de maledicência" (1Pedro 2:1). A versão *King James* deste versículo diz que devemos "colocar de lado" todas essas coisas negativas. A palavra grega usada aqui significa literalmente "despir-se de suas roupas".[1] Hebreus 12:1 diz a mesma coisa quando nos instrui a nos livrar "de tudo o que nos atrapalha e do pecado que nos envolve." Pedro fala sobre cinco coisas específicas das quais devemos nos livrar em nossas vidas: maldade, engano, hipocrisia, inveja e maledicência.

"Maldade" era a palavra comumente usada para iniquidade. Nos tempos bíblicos, significava "mal pagão" – a maldade característica do mundo que cercava a jovem igreja cristã. Pedro não diz que devemos nos livrar de parte dela; ele quer que nos livremos de tudo. Os cristãos de hoje não são diferentes dos cristãos do primeiro século. Muitos de nós gostamos de brincar de cristianismo e manter as práticas e os valores mundanos em nossas vidas. Mas na vida do cristão não há espaço para o lixo do mundo.

Certa vez, um jovem se aproximou de um eminente professor da Bíblia e lhe disse: "Professor, eu daria o mundo para conhecer a Bíblia tão bem quanto o senhor."

O professor olhou para ele e disse: "E é exatamente isso que isso lhe custará!" Se você quiser crescer, se você quiser desenvolver todo seu potencial, então você terá de olhar para dentro e reconhecer os resquícios mundanos que ainda permanecem e que estão impedindo seu crescimento e sua maturidade.

Todo engano, diz Pedro, também precisa ir embora. A raiz do engano são motivações impuras, e isso leva à decepção consciente de outras pessoas. Mas o engano sempre lhe custa caro em longo prazo, enquanto a honestidade sempre traz recompensa.

É uma lição difícil de ensinar a uma criança. Eu costumava dizer aos meus próprios filhos: "Na verdade, mentir sempre terá consequências mais graves, pois toda vez que eu o pegar mentindo você será punido com muito mais severidade do que se você tivesse dito a verdade." Por vezes tive que demonstrar isso, e é sempre uma lição difícil para todos – para mim como professor e para eles como alunos – mas valeu a pena.

Hipocrisia é outro lixo desnecessário. A hipocrisia é um produto natural do engano. Os que não professam a fé cristã sempre gostam de ressaltar que a igreja está cheia de hipócritas e, infelizmente, eles estão certos.

Os cristãos respondem a essa acusação observando que a igreja – o lugar em que as pessoas podem ouvir o evangelho e aprender a Bíblia da forma correta – é o melhor lugar para um hipócrita estar. Mas como Pedro mostra claramente, nós não podemos nos contentar em dizer: "É bom estar na igreja, onde aprendemos a lidar com nossa hipocrisia, nosso engano e nossa maldade." Nunca se contente em manter esse lixo em sua vida. Livre-se dele! Não há lugar para a hipocrisia na vida de um cristão sincero. Se o cristão arrumar desculpas levianas para a sua hipocrisia, ele tira proveito da graça de Deus e torna-se um hipócrita ainda maior.

Inveja é o quarto item negativo que precisa ser excluído da dieta espiritual do cristão. Reduzida a seus elementos básicos, a inveja nada mais é do que egocentrismo. A inveja é sempre a última a morrer, pois só morre quando morre o ego. E, como a maioria dos cristãos sabe, é difícil matar o ego.

Quantas igrejas foram derrubadas, quantas organizações missionárias foram abaladas pelo dissenso, quantas famílias foram destruídas – só pela inveja? Em sua carta, Tiago une-se a Pedro advertindo os cristãos sobre a influência demoníaca da inveja: "Contudo, se vocês abrigam no coração inveja amarga e ambição egoísta, não se gloriem disso, nem neguem a verdade. Esse tipo de "sabedoria" não vem do céu, mas é terrena, não é espiritual e é demoníaca. Pois onde há inveja e ambição egoísta, aí há confusão e toda espécie de males" (Tiago 3:14-16).

Maledicência de todo tipo (fofoca maliciosa) é o quinto alimento prejudicial que deve ser eliminado. Em uma palavra, Pedro está dizendo: "Parem com a fofoca." A fofoca é, talvez, o pecado que mais atrai os cristãos. Todos nós nos preocupamos com a fofoca e concordamos vigorosamente quando o pastor a condena do púlpito, embora, a caminho de casa ou mesmo enquanto estamos andando até o carro, já nos envolvemos com ela de muitas formas. Somos espertos o suficiente, é claro, para ocultá-la por trás de palavras como: "Estou tão preocupado com a Mary" ou: "Você pode me atualizar um pouco para que eu possa orar melhor por ela?" Muita fofoca se esconde por trás da oração.

Vale a pena observar como todos esses cinco itens de "lixo espiritual" formam uma refeição completa. Um alimenta o outro enquanto todos juntos alimentam os cristãos que os mantêm em sua dieta. O fruto da maldade é, muitas vezes, engano e trapaça. E engano e trapaça geram a hipocrisia, que produz o fruto da inveja. E o fruto da inveja produz a fofoca maliciosa. O problema, evidentemente, é que, como todo lixo que comemos, este também agrada ao paladar. Desenvolvemos uma preferência por ele, e é difícil mudar este hábito. O que precisamos fazer é mudar a nossa dieta espiritual, e é sobre isso que Pedro fala a seguir.

Alimente-se da Palavra de Deus e cresça

O substituto óbvio para o lixo espiritual na dieta de qualquer pessoa é algo que seja saudável e de alto valor nutricional. Pedro sabe que a cura para a desnutrição espiritual é o alimento contínuo da Palavra de Deus, e é por isso que ele diz: "Como crianças recém-nascidas, desejem de coração o leite espiritual puro, para que por meio dele cresçam para a salvação, agora que provaram que o Senhor é bom" (1Pedro 2:2,3). Pedro está dizendo aos seus leitores que eles sentiram o gosto da graça de Deus quando deram aquele primeiro passo para a salvação. A semente imortal brotou, e agora eles precisam alimentar a nova vida dentro deles. Para o cristão recém-convertido, a Palavra de Deus é como leite. Leite é essencial para o crescimento de qualquer bebê, e a Palavra de Deus é essencial para o crescimento daquele que acabou de se tornar cristão.

Paulo teve a mesma imagem em mente quando, escrevendo aos cristãos de Tessalônica, disse: "Tornamo-nos bondosos entre vocês, como uma mãe que cuida dos próprios filhos" (1Tessalonicenses 2:7). E quando escreve a Timóteo para encorajá-lo a permanecer firme diante do perigo da apostasia. Ele diz a Timóteo que, se ele for fiel na instrução dos irmãos na verdade da Palavra de Deus, "será um bom ministro de Cristo Jesus, nutrido com as verdades da fé e da boa doutrina que tem seguido" (1Timóteo 4:6).

Por mais importante que seja o leite, o corpo humano precisa também de outros alimentos para receber todos os nutrientes necessários à sua saúde. Alguns cristãos podem até ter certa facilidade para se livrarem do lixo em sua dieta, mas se contentam com uma mamadeira semanal que seu pastor lhes dá aos domingos. Não estão estudando a Palavra de Deus por conta própria, momento em que poderiam mastigar um alimento mais sólido.

A nutrição espiritual verdadeira do cristão é a Palavra de Deus. No entanto, como Paulo dissera aos coríntios, a Palavra de Deus não consiste apenas de leite (veja 1Coríntios 3:1,2). O leite nos ajuda no início do nosso crescimento, mas em algum momento precisaremos passar para um alimento sólido, para as ricas verdades espirituais que Deus quer nos oferecer. Somente assim poderemos mudar e nos transformar naquilo que ele quer que nós sejamos.

Coma toda a Palavra de Deus e assista à sua transformação

A maioria dos cristãos deseja não apenas crescer, mas também ser diferente – aquilo que a Bíblia chama de renovado ou transformado em servo mais forte, mais poderoso, mais útil para Cristo. É exatamente sobre isso que Paulo fala em Romanos 12:2, quando diz: "Não se amoldem ao padrão deste mundo, mas transformem-se pela renovação da sua mente." É sabido por todo cristão que a mente velha, juntamente com seus hábitos de preocupação própria, sua ânsia pelos sentimentos e imaginações inúteis e seu apetite pelas coisas inferiores e vulgares, continua presente.

A mente velha é a culpada por nos fazer voltar a comer lixo. A mente antiga é o inimigo sutil que continua nos alimentando com leite quando já deveríamos estar comendo carne. A mente antiga é aquilo que nos impede de sermos transformados e mais dedicados a Cristo e à sua Palavra. Andamos em círculos e nunca encontramos o segredo porque não vemos a chave para o mistério que se encontra diretamente diante dos nossos olhos.

Paulo nos dá uma linda explicação em 2Coríntios 3:14-18. Ao descrever as glórias da nova aliança que os cristãos têm com

Deus, ele volta para os tempos de Moisés e os israelitas. Em determinado momento, após estar na presença de Deus, o rosto de Moisés brilhou com tanta glória que ele teve de cobri-lo com o véu para não cegar o seu povo. Entretanto, por mais glorioso que o ministério da lei de Moisés tenha sido, Paulo diz que aquilo não foi nada comparado com a glória do evangelho de Cristo e a nova aliança que ele estabeleceu com sua morte e ressurreição (veja 2Coríntios 3:7-11).

E Paulo continua dizendo que, por termos uma esperança tão maravilhosa em Cristo, podemos ser bastante ousados: "Não somos como Moisés, que colocava um véu sobre a face para que os israelitas não contemplassem o resplendor que se desvanecia. Na verdade as mentes deles se fecharam, pois até hoje o mesmo véu permanece quando é lida a antiga aliança" (2Coríntios 3:13,14). O que Paulo afirma aqui é simplesmente que os judeus de seus dias que não conhecem Cristo permanecem com suas mentes veladas. Não podem ver o Senhor por causa do véu da antiga aliança – a Lei.

Paulo prossegue dizendo que o véu "não foi retirado, porque é somente em Cristo que ele é removido. De fato, até o dia de hoje, quando Moisés é lido, um véu cobre os seus corações. Mas quando alguém se converte ao Senhor, o véu é retirado. Ora, o Senhor é o Espírito e, onde está o Espírito do Senhor, ali há liberdade" (2Coríntios 3:14-17).

E então Paulo diz o que mais me preocupa: "E todos nós, que com a face descoberta contemplamos a glória do Senhor, segundo a sua imagem estamos sendo transformados com glória cada vez maior, a qual vem do Senhor, que é o Espírito" (2Coríntios 3:18). Paulo nos diz que podemos ser transformados na imagem e glória do Senhor. Ele diz que é muito simples.

Não mudamos a nós mesmos. Simplesmente fixamos nosso olhar no rosto de Jesus Cristo, e o Espírito de Deus cuida da nossa transformação!

Mas talvez você sinta que há um porém. Talvez você diga: "Se eu devo olhar para a glória do Senhor, onde posso encontrá-la?" E evidentemente a resposta é: na *Palavra de Deus*.

Se você continuar a aprender e a contemplar a glória de Deus em sua Palavra, o Espírito de Deus o transformará na imagem de Jesus Cristo. É simples assim (e ao mesmo tempo difícil assim). Tantos cristãos procuram um atalho para o crescimento. Recentemente, eles têm tentado até dar saltos quânticos para a "superespiritualidade". Mas atalhos não existem.

A melhor coisa que já aconteceu na minha vida depois da minha salvação foi o dia em que aprendi a estudar a Palavra de Deus. Descubro que, quanto mais eu contemplo a glória de Jesus Cristo nas páginas das Escrituras, mais o Espírito de Deus transforma minha vida na imagem de Jesus Cristo. Não há atalhos. Se eu quiser crescer, amadurecer e ser transformado, eu preciso me alimentar da Palavra de Deus!

Resumindo

A falta de crescimento é algo triste de se constatar em qualquer pessoa ou coisa. É especialmente trágica em cristãos, mas infelizmente muitos cristãos parecem não crescer muito em sua fé. A causa principal de sua falta de crescimento é o fato de não passarem tempo com a Palavra de Deus.

Em 1Pedro 1:23–2:3, o eminente apóstolo compara a Palavra de Deus com duas coisas importantíssimas para a vida e o crescimento: com uma semente imortal e com o leite da Palavra.

Como Cristo ensinou em sua parábola do semeador, a Palavra de Deus é como uma semente que germina em novidade de vida. A Palavra de Deus contém, além da semente, o poder e a energia da vida.

Antes que o cristão possa tirar o máximo de proveito da Palavra de Deus, ele precisa se livrar do lixo em sua dieta que, por causa da natureza velha que o acompanha até o fim desta vida, parece tão gostosa e atraente. Pedro descreve esse lixo na dieta como as maldades mundanas, como engano, como hipocrisia, como o egocentrismo da inveja e como fofoca. Se quisermos mudar nossa dieta, devemos começar pelo verdadeiro leite da Palavra de Deus, e então teremos a garantia de crescimento.

Nosso objetivo é tornar-nos plenamente maduros e transformados por meio da alimentação mais sólida que encontramos nas Escrituras. Uma descrição precisa para qualquer cristão pode ser encontrada em Jeremias 15:16: "Quando as tuas palavras foram encontradas eu as comi; elas são a minha alegria e o meu júbilo, pois pertenço a ti, Senhor Deus dos Exércitos."

Algumas perguntas pessoais

1. Você concorda ou discorda com a afirmação de que alguns cristãos podem ter o objetivo inconsciente de crescer pouco ou nada em sua vida espiritual? Quais são os seus objetivos?

   _____

   _____

   _____

2. Em que sentido a Palavra de Deus é mais viva do que você e eu?

_____

_____

_____

3. Em 1Pedro 2:1, o apóstolo nos instrui a "livrar-nos" da maldade, do engano, da hipocrisia, da inveja e da maledicência (fofoca). Qual destes é o seu maior problema? Por quê? Quais passos você poderia tomar para se livrar dele?

_____

_____

_____

4. As Escrituras ensinam que devemos passar do leite para o pão e a carne em nossa vida espiritual. Em que nível você está se alimentando neste momento? Como você poderia passar para o próximo nível?

_____

_____

_____

Versículos-chave para lembrar

Pois vocês foram regenerados, não de uma semente perecível, mas imperecível, por meio da palavra de Deus, viva e permanente.
1PEDRO 1:23

Como crianças recém-nascidas, desejem de coração o leite espiritual puro, para que por meio dele cresçam para a salvação.

1 PEDRO 2:2

Quando as tuas palavras foram encontradas eu as comi; elas são a minha alegria e o meu júbilo, pois pertenço a ti, Senhor Deus dos Exércitos.

JEREMIAS 15:16

9

A Palavra de Deus: A perfeita faca de poda

Quanto fruto você está produzindo em sua vida cristã?

Sempre que faço tal pergunta aos cristãos, eles geralmente me respondem com uma expressão de culpa ou incompreensão. Alguns nem mesmo entendem a pergunta. Fruto? Eles não têm um pomar; já se contentam quando conseguem manter viva sua roseira. Outros acham que eu estou pedindo que apresentem uma lista de almas conquistadas para Cristo naquele mês, e já que sua lista é muito curta – ou inexistente –, eles se sentem culpados.

O que é, então, o fruto cristão? Tem algo a ver com o fruto do Espírito? Como um cristão produz fruto no dia a dia? E qual é o papel da Palavra de Deus nisso tudo?

Ele é a videira; nós somos os ramos

A passagem bíblica clássica sobre produzir fruto é João 15:1-8. Jesus e seus discípulos se encontram no cenáculo na véspera de sua morte. Quando estão prestes a sair dali, o Senhor para e diz:

Eu sou a videira verdadeira, e meu Pai é o agricultor. Todo ramo que, estando em mim, não dá fruto, ele corta; e todo que dá fruto ele poda, para que dê mais fruto ainda. Vocês já estão limpos, pela palavra que lhes tenho falado. Permaneçam em mim, e eu permanecerei em vocês. Nenhum ramo pode dar fruto por si mesmo, se não permanecer na videira. Vocês também não podem dar fruto, se não permanecerem em mim. Eu sou a videira; vocês são os ramos. Se alguém permanecer em mim e eu nele, esse dá muito fruto; pois sem mim vocês não podem fazer coisa alguma. Se alguém não permanecer em mim, será como o ramo que é jogado fora e seca. Tais ramos são apanhados, lançados ao fogo e queimados. Se vocês permanecerem em mim, e as minhas palavras permanecerem em vocês, pedirão o que quiserem, e lhes será concedido. Meu Pai é glorificado pelo fato de vocês darem muito fruto; e assim serão meus discípulos (João 15:1-8).

Temos aqui uma das analogias mais significativas e, ao mesmo tempo, mais difíceis de toda a Bíblia. Temos aqui também uma das passagens mais ricas do Novo Testamento sobre como viver a vida cristã.

Em primeiro lugar, precisamos explicar o que Jesus quer dizer. Ele é a videira, e seu Pai é o jardineiro – ou agricultor. Os discípulos são os ramos. Jesus faz referência aos 11 discípulos que ainda estão com ele durante sua preparação para ir ao Jardim de Getsêmani. Eles são os ramos que permanecem com ele até o fim. Os ramos que não produzem fruto e são podados são representados por Judas, que já se afastou para completar seu ato de traição contando aos líderes judeus onde poderiam encontrar e prender Jesus naquela noite. Jesus usa a ilustração da videira por, no mínimo, três boas razões.

Em primeiro lugar, seus discípulos reconhecerão a analogia imediatamente, pois Israel é chamada várias vezes de *vinha* no Antigo Testamento. Isaías, por exemplo, escreveu: "Pois bem, a vinha do Senhor dos Exércitos é a nação de Israel," (Isaías 5:7). Jeremias, falando sobre Deus, disse: "Eu a plantei como uma videira seleta, de semente absolutamente pura" (Jeremias 2:21).

Em segundo lugar, vinhas podiam ser encontradas em toda a Palestina. Na verdade, alguns estudiosos acreditam que Jesus parou na porta ao sair do cenáculo para referir-se a uma vinha que crescia ao lado da porta.[1] Quando falou sobre os procedimentos de poda, ele estava descrevendo exatamente o que os agricultores faziam para produzir uma boa colheita de uvas. As videiras jovens eram podadas severamente durante os três primeiros anos, e só então podiam produzir fruto. Videiras maduras eram podadas a cada dezembro e janeiro. Ramos que não produziam fruto eram cortados sem misericórdia para preservar a força da planta. E, como Jesus ressalta em sua analogia, a madeira dos ramos servia para nada além de fogueiras.[2]

Em terceiro lugar, a videira e seus ramos ilustram perfeitamente o tipo de relacionamento que precisa existir entre Jesus e qualquer pessoa que queira ser seu discípulo. Apesar de Jesus ter se dirigido ao seu círculo íntimo dos 11 discípulos, essa analogia vale para todos os cristãos. Jesus está dizendo que temos uma escolha: ser ramos "verdadeiros" que realmente permanecem com Jesus e trazem fruto, ou ser ramos falsos e improdutivos, que parecem pertencer à videira, mas, na verdade, são inúteis. Como Judas, eles morrem e não produzem qualquer fruto. E, como Judas, seu destino final é a destruição.

É importante observar que Jesus diz: "Eu sou a videira *verdadeira*." No Antigo Testamento, Israel era muitas vezes chamado de videira plantada, cultivada e podada por Deus, mas Israel havia se tornado improdutivo. Na verdade, ao fazer uso do símbolo da videira, os autores do Antigo Testamento sempre se referem à ideia da degeneração. Oseias exclama que Israel é "uma videira vazia" (Oseias 10:1). Agora, com o fim da ordem do Antigo Testamento e com a instalação da nova aliança na Última Ceia, Jesus afirma claramente que ele é a videira verdadeira. Os filhos de Deus precisam agora estar vinculados a ele. Para que qualquer pessoa possa conhecer a vida e produzir fruto, ela precisa ter uma ligação com Jesus Cristo.

A obra do jardineiro

A tarefa do jardineiro (ou do agricultor) é crucial para entender a analogia da videira e dos ramos. O jardineiro é o Pai, que tem dois ministérios em relação aos ramos da videira (aqueles que se confessam seguidores de Jesus Cristo).[3]

Todo vinicultor tem duas tarefas: cortar os ramos que não produzem fruto e podar os ramos férteis para ajudá-los a produzir ainda mais fruto.

A palavra "podar" significa também purificar. O vinicultor purifica os ramos férteis de várias maneiras. Às vezes, ele usa o polegar e o indicador para arrancar a ponta de um broto vigoroso, mas indesejado. Ou ele corta parte do ramo, retirando 30 ou 60 centímetros para impedir que ele cresça demais e corra o perigo de ser quebrado pelo vento. Às vezes, ele retira o excesso de ramos, removendo agrupamentos densos de flores.

Em todos esses processos, o vinicultor persegue um único objetivo: produzir o bem da planta e ajudá-la a dar frutos maiores e melhores.

Quando aplicamos a imagem dessa obra do vinicultor à obra do Pai, vemos que existem dois tipos de ramos: aqueles que alegam ser seguidores de Cristo, mas não são cristãos verdadeiros; e aqueles que creem de forma autêntica, mesmo que de modo latente, e que produzem algum fruto em sua vida. O destino dos ramos inférteis nos serve como advertência. Aqueles que são "ramos de Judas", aqueles que não creem e não permanecem em Cristo, hão de ser lançados no fogo eterno. Não é uma questão de perder a salvação. Nunca estivaram realmente salvos. Mais cedo ou mais tarde, eles revelam sua verdadeira natureza, e seu fim é a destruição.

Cristãos verdadeiros, porém, sempre produzem fruto. Eu acredito que todo cristão produz algum tipo de fruto. Podem não ser muitos; no caso de alguns cristãos, é preciso se esforçar para encontrar algumas uvas isoladas, mas elas existem. A ausência de qualquer tipo de fruto é um indicativo de que essa pessoa não é um cristão verdadeiro. A essência da vida cristã é ser, de alguma forma, alguém produtivo (veja Efésios 2:10). Uma pessoa pode parecer ter uma conexão com Jesus Cristo. Pode até apresentar uma folhagem verde exuberante em sua vida; mas se ela não produzir algum fruto, não tem nenhuma conexão verdadeira com Cristo.

A obra do Pai em relação aos ramos férteis é de outra ordem. Aqui, ele poda cuidadosamente o cristão, retirando pecados, impedimentos, hábitos etc., a fim de ajudá-lo a alcançar sua capacidade produtiva máxima.

Uma das maneiras mais eficazes com que o Pai poda o cristão é por meio de dificuldades e até mesmo por meio da dor e do sofrimento. Isso não significa que todo cristão que está doente ou sofrendo esteja sendo podado, mas, em muitos casos, o Pai permite que provação e dificuldade purifiquem nossas vidas em determinadas áreas. Infelizmente, a poda precisa ser feita com uma tesoura de poda, e tal procedimento costuma ser drástico. Há momentos em que nos perguntamos se Deus sabe o que está fazendo, pois dói tanto que mal conseguimos suportar a dor. Por que Deus parece estar nos podando tanto enquanto outros cristãos parecem não precisar ser podados? Bem, tudo que nos resta fazer é confiar. O Pai sabe o que está fazendo. As valiosas lições que ele nos dá por meio do sofrimento, da provação e das dificuldades despertam nossas consciências para as mudanças que nos são necessárias, para aquilo que precisamos acrescentar ou remover de nossas vidas.

O Pai executa a poda de muitas maneiras diferentes. Pode ser qualquer coisa, desde uma doença até uma dificuldade a ser enfrentada como a perda do emprego. Pode ser a morte de um ente querido ou de um bom amigo. A poda pode ocorrer por meio de frustração, decepção, pressão e estresse. Deus ordena o tipo de problema que retira os brotos indesejados e as outras coisas que se infiltram em nossas vidas e sugam nossa energia e nos impedem de produzir fruto. Deus não executa a poda com prazer ou desejo de vingança. Ele não é o grande destruidor celestial, que nos ameaça com sua espada gigante, bradando: "Produza mais fruto, caso contrário...!" Não. Ele está do nosso lado, podando cuidadosamente cada um de nós nos lugares certos para permitir que produzamos mais frutos.

A tesoura de poda pode doer de vez em quando, mas vale a pena. Alguma vez você já se perguntou qual é o instrumento de poda do Pai? É o sofrimento? É uma dificuldade? É uma frustração? Acho que não. João 15:3 me diz que a tesoura de poda é a Palavra de Deus. Jesus diz: "Vocês já estão limpos, pela palavra que lhes tenho falado."

Eu acredito que aqui, no versículo 3, Jesus esteja se referindo a dois tipos de purificação de seus discípulos. Em primeiro lugar, a salvação inicial ocorre quando eles ouvem a Palavra. Em segundo lugar, sua purificação contínua ocorre por meio da Palavra. É por isso que suas palavras seguintes são: "Permaneçam em mim, e eu permanecerei em vocês. Nenhum ramo pode dar fruto por si mesmo, se não permanecer na videira. Vocês também não podem dar fruto, se não permanecerem em mim." (João 15:4).

E você sabe como permanecemos em Cristo e fazemos com que ele permaneça em nós? *Permanecendo na Palavra*. Não há substitutos, não há truques ou atalhos. O instrumento pelo qual Deus nos poda é a sua Palavra, e, como já ressaltamos anteriormente, ele parece usá-la muitas vezes durante dificuldades, angústias ou reviravoltas de algum tipo.

Charles Spurgeon, o grande pregador do século 19, disse: "É a Palavra que poda o cristão. É a verdade que o purifica."

Você já percebeu como você se torna mais sensível à Palavra de Deus em tempos de dificuldades? Alguma vez já percebeu que, quando você enfrenta determinada necessidade ou problema, alguns versículos parecem saltar aos olhos? É o Espírito de Deus aplicando-os ao seu coração.

O que o fruto cristão não é

Com tanta poda e purificação acontecendo, faz sentido ter certeza quanto ao tipo de fruto devemos produzir. Uma coisa é fundamental: Para a pessoa que crê em Cristo, produzir fruto não é uma opção, é uma exigência. O Antigo Testamento fala sobre isso pelo menos 70 vezes. Paulo fala sobre isso de alguma forma em todas as suas cartas.

Mas qual é o tipo de fruto que Paulo e os outros autores da Bíblia descrevem? Primeiro vejamos rapidamente o que o fruto cristão *não é*, pois algumas pessoas confundem certos tipos de frutas de plástico com o fruto autêntico.[4]

Fruto não é sucesso. Em nenhum lugar da Bíblia fruto é sinônimo de sucesso. Todos nós tendemos a pensar que, se algum evento é grandioso, ou se muitas pessoas aparecerem, isso significa estar produzindo fruto. Não necessariamente. Um empreendimento "bem-sucedido" pode ser um desempenho da carne – do esforço humano –, sem ser um fruto espiritual verdadeiro.

Por outro lado, vemos um missionário que trabalhou 30 anos em alguma selva, às margens de algum rio remoto ou no meio do deserto, que só tenha conseguido converter três pessoas. É absolutamente possível que sua obra tenha produzido fruto real, a despeito da aparente falta de "sucesso" externo.

Fruto não é sensacionalismo. Nós também tendemos a nos impressionar com o chamativo, com o espetacular, com o excessivamente zeloso. Tudo parece gritar: "Isso é fruto verdadeiro!" Mas falar é fácil; o fruto espiritual verdadeiro custa caro.

Fruto não é simulação. Muitos cristãos caem numa armadilha quando tentam imitar os atos ou o estilo de outro cristão que, aparentemente, está produzindo fruto em seu ministério. Mas cada cristão deve produzir seu próprio fruto. Cada cristão é único, e único é também o fruto que ele deve produzir. Quando cristãos tentam simular ou imitar o fruto de outra pessoa, eles violam o princípio fundamental da permanência em Cristo. Em vez de viver em Cristo, e de permitir que Cristo viva neles e produza fruto por meio deles, eles estão prendendo frutas artificiais em seu ramo. Podem ser lindas, mas não têm sabor.

Qual é o verdadeiro fruto cristão?

As Escrituras descrevem o fruto espiritual genuíno de várias formas, e, por uma razão específica, eu as apresento aqui em determinada ordem de prioridade.

Em primeiro lugar, fruto é caráter semelhante a Cristo. Paulo sintetizou isso em uma única sentença em Gálatas 5:22: "Mas o fruto do Espírito é amor, alegria, paz, paciência, amabilidade, bondade, fidelidade, mansidão e domínio próprio." Esta lista descreve os traços do caráter de Jesus Cristo. Devemos reproduzir a vida de Cristo em nós enquanto permanecemos na vinha. Jesus disse: "Eu sou a videira; vocês são os ramos. Se alguém permanecer em mim e eu nele, esse dá muito fruto; pois sem mim vocês não podem fazer coisa alguma." (João 15:5). Para ressaltar a necessidade absoluta de estar em Cristo, Jesus repete a advertência sombria feita anteriormente: "Se alguém não permanecer em mim, será como o ramo que é jogado fora e seca. Tais ramos são apanhados, lançados ao fogo e queimados." (João 15:6).

Mas se quisermos produzir o fruto do Espírito ou qualquer outro tipo de fruto cristão, precisamos entender uma coisa. O caminho para o fruto passa por Cristo. Uma das tarefas mais frustrantes do mundo é tentar produzir o fruto do Espírito por conta própria. Olhamos para a nossa vida e constatamos que falta um pouco de amor. Assim, nos esforçamos para produzir mais amor. Ou vemos que precisamos de um pouco mais de paz, então trabalhamos duro para produzir mais paz.

Jesus não nos instrui a "ir e produzir mais fruto!" Ele diz simplesmente: "Permaneçam comigo e o fruto aparecerá automaticamente."

Uma segunda descrição do fruto é o louvor ao Senhor na adoração. Hebreus 13:15 nos diz: "Por meio de Jesus, portanto, oferéçamos continuamente a Deus um sacrifício de louvor, que é fruto de lábios que confessam o seu nome." Quando agradecemos a Deus em espírito de adoração, o fruto está presente. Quando oramos e expressamos nossa adoração pelo Senhor, isso é fruto. Mas observe que tudo isso é feito "por meio de Jesus", não por nossos próprios esforços.

Um terceiro tipo de fruto são as boas obras. Muitas vezes, recuamos diante da ideia de "obras", porque sabemos que somos salvos pela graça, não por obras, para que ninguém se glorie em si mesmo (veja Efésios 2:8,9). Porém, logo em seguida, esquecemos o que diz Paulo: "somos criação de Deus realizada em Cristo Jesus para fazermos boas obras, as quais Deus preparou de antemão para que nós as praticássemos" (Efésios 2:10). Não somos salvos por nossas obras, mas fomos salvos para praticar boas obras em nome de Cristo. É por isso que, em sua carta aos cristãos colossenses, Paulo diz: "Por essa razão, desde o dia em que o ouvimos, não deixamos de orar por vocês e de pedir que sejam cheios do pleno conhecimento da vontade de Deus, com toda a sabedoria e entendimento espiritual. E isso para que vocês vivam de maneira digna do Senhor e em tudo possam agradá-lo, frutificando em toda boa obra, crescendo no conhecimento de Deus" (Colossenses 1:9,10).

Observe novamente que Paulo ora a Deus para que este preencha o cristão com o conhecimento de sua vontade, com sabedoria e entendimento espiritual. Quando somos preenchidos por Deus, ele pode gerar boas obras que produzem fruto real. E nós somos preenchidos quando permanecemos próximos de Cristo – quando permanecemos nele.

Por fim, o cristão produz fruto quando conquista almas para Cristo. Um versículo-chave que identifica como fruto aqueles que foram ganhos para Cristo é João 4. Os discípulos de Jesus insistem para que ele pare de comer, mas Jesus responde que sua comida é fazer a vontade de seu Pai e realizar a sua obra: Então Jesus diz: "Vocês não dizem: 'Daqui a quatro meses haverá a colheita'? Eu lhes digo: Abram os olhos e vejam os campos! Eles estão maduros para a colheita. Aquele que colhe já recebe o seu salário e colhe fruto para a vida eterna, de forma que se alegram juntos o que semeia e o que colhe" (João 4:35,36).

Infelizmente, alguns cristãos acreditam que a melhor forma de colher é agir com a determinação de ceifar o maior número de convertidos possível. Mas a maneira de produzir fruto como conquistador de almas não é importunando as pessoas, deixando folhetos na mesa para a garçonete no lugar da gorjeta. Em vez disso, você deve permanecer em Cristo. Permita que ele desenvolva o caráter dele em você e as oportunidades virão. Concentre-se nele, e ele o colocará em situações de testemunho que serão criadas especialmente para você.

A outra abordagem – a conquista de almas por conta própria – é um beco sem saída. Experimentei isso quando fiz um curso de evangelismo durante um verão. O instrutor não estabeleceu uma cota de quantas pessoas devíamos converter para receber a nota máxima, mas exigiu que testemunhássemos para pelo menos sete pessoas.

Era pura e simplesmente uma atitude legalista, mas que nos ensinou uma coisa: a tolice que é testemunhar por obrigação em vez de agir com o senso comum de que devemos permanecer em Cristo e testemunhar a partir do que conhecemos e amamos a seu respeito. É por isso que os frutos do caráter semelhante a Cristo, da adoração a Deus e das boas obras devem vir em primeiro lugar. Se não estivermos produzindo esses frutos em nossas vidas, o resultado é doloroso, mas óbvio: Não estamos permanecendo em Cristo. Não estamos permanecendo o bastante na Palavra – escrita ou viva.

As palavras de Deus controlam sua vida?

Se quisermos ser autênticos, e não ramos artificiais, precisamos permitir que as palavras do Senhor assumam o controle de nossa vida. E quais são as palavras do Senhor? Será que precisamos decorar os versículos impressos em nossa Bíblia de estudo em cores? Não é uma ideia ruim, mas as palavras de Cristo não se limitam às citações atribuídas a ele nas edições de Bíblias com letras coloridas. Como vimos nos primeiros capítulos deste livro, todas as porções das Escrituras possuem uma autoridade infalível e inerrante. O que Jesus disse pessoalmente a alguém não é mais importante do que aquilo que ele disse por meio de Paulo, Pedro, Tiago, Judas e dos outros autores das Escrituras inspiradas. Mas, de nada adianta falar sobre "ser controlado pela Palavra de Deus" se não nos familiarizarmos com ela. Tal enunciado não passará de palavras vazias. Decorar as Escrituras não requer nenhum truque de mágica. (Na verdade, pode levá-lo ao mais alto grau de legalismo.) Mas existe uma bênção e um poder tremendo em saber onde determinadas passagens podem ser encontradas e também que tipo de ajuda e quais recursos elas fornecem.

Observe a seguir um pequeno teste com dez passagens bíblicas básicas que cada cristão deveria conhecer. Veja se você consegue identificar o que cada passagem bíblica descreve, unindo a segunda coluna à primeira:

Os Dez Mandamentos	Lucas 10
O Capítulo do Amor	Mateus 22:34-40
As Bem-aventuranças	Mateus 5-7
A Parábola do Bom Samaritano	Êxodo 20
Os Dois Grandes Mandamentos	1Coríntios 13
O Sermão da Montanha	Mateus 5:1-12

O Chamado de Abraão	Lucas 6:31
A Queda do Homem	Gênesis 12
A Regra de Ouro	Lucas 15
A Parábola do Filho Pródigo	Gênesis 3

As respostas corretas estão no final deste capítulo. Veja como você se saiu. Depois, tente cobrir uma coluna e completar a outra. Lembre-se: decorar versículos e referências pode ser um exercício legalista intelectual se você permitir que seja. Por outro lado, o que significa conhecer a Palavra de Cristo o bastante para ser controlado por ela? Se não estivermos na Palavra, lendo-a, decorando-a, estudando-a e conhecendo-a, toda a nossa fala sobre permanecer e produzir fruto não passa de palavras ao vento.

Segundo João 15:8, é uma grande bênção ser podado para produzir mais fruto: "Meu Pai é glorificado pelo fato de vocês darem muito fruto; e assim serão meus discípulos." O cristão que produz fruto por meio de seu relacionamento com Cristo – e não por meio de seus próprios esforços e esperteza – esse glorifica a Deus.

A essência é esta permanência em Cristo. Parafraseando a famosa resposta à primeira pergunta da Confissão de Westminster: ele é a videira; nós somos os ramos.[5] Quando permanecemos com ele e na esfera de seu controle, nós glorificamos a Deus, nos alegramos para sempre com ele e mostramos ao mundo que nós somos seus discípulos.

Resumindo

Jesus nos revela o segredo de produzir fruto quando nos diz que nosso relacionamento com ele precisa ser como os ramos numa videira. Se formos ramos verdadeiros, ligados a ele por meio da fé verdadeira, nós produziremos algum fruto, mesmo que pouco. A fim de ajudar-nos a produzir mais fruto, o Pai usa a Palavra para purificar e podar nossos maus hábitos, e as atitudes e práticas indesejáveis em nossa vida. Muitas vezes, ele opera por meio de dificuldades – usando doenças, perdas, frustrações e estresse. Sua tesoura de poda é dolorosa, mas vale a pena.

O fruto artificial é um perigo que o cristão deve evitar. O fruto verdadeiro não é necessariamente sucesso ou algo sensacionalista. Também não é algo produzido por meio da imitação do ministério de outro cristão que esteja produzindo fruto. Cada cristão deve produzir seu próprio fruto.

A Bíblia descreve o fruto verdadeiro de várias maneiras: 1) como caráter semelhante a Cristo (o fruto do Espírito); 2) como louvor por meio da adoração; 3) como boas obras. 4) um quarto tipo importante de fruto são os convertidos conquistados para Cristo, mas esse testemunho deve ser o resultado da permanência do salvo nele, e não de um esforço legalista.

Há muitos benefícios em ser podado por Deus. Frutificar traz alegria, felicidade, satisfação e entusiasmo. Experimentamos também respostas às nossas orações visto que nossa vida é regulamentada pela Palavra de Deus. O resultado total é a glorificação de Deus uma vez que o conhecemos e nos alegramos nele para sempre.

Algumas perguntas pessoais

1. Você concorda que uma das maneiras mais eficazes que Deus usa para podar nossas vidas é por meio de dificul-

dades e adversidades? Quais são outras maneiras de ele fazer isso?

_____

_____

_____

2. De acordo com este capítulo, qual é a diferença fundamental entre fruto artificial e fruto verdadeiro? Alguma
   vez você já tentou imitar o fruto de outro cristão que tem
   sido bem-sucedido em seu ministério?

_____

_____

_____

3. Você consegue se lembrar de pelo menos três dos quatro
   tipos de fruto que este capítulo descreve? Em sua opinião, quais são os tipos mais importantes?

_____

_____

Respostas para o teste

Os Dez Mandamentos	Êxodo 20
O Capítulo do Amor	1Coríntios 13
As Bem-aventuranças	Mateus 5:1-12
A Parábola do Bom Samaritano	Lucas 10
Os Dois Grandes Mandamentos	Mateus 22:34-40

O Sermão da Montanha	Mateus 5-7
O Chamado de Abraão	Gênesis 12
A Queda do Homem	Gênesis 3
A Regra de Ouro	Lucas 6:31
A Parábola do Filho Pródigo	Lucas 15

Versículos-chave para lembrar

Eu sou a videira; vocês são os ramos. Se alguém permanecer em mim e eu nele, esse dá muito fruto; pois sem mim vocês não podem fazer coisa alguma.

João 15:5

Mas o fruto do Espírito é amor, alegria, paz, paciência, amabilidade, bondade, fidelidade, mansidão e domínio próprio.

Gálatas 5:22

10

A Palavra de Deus:
A arma decisiva

No passado, uma das cenas mais famosas da história da TV americana era uma sequência que costumava abrir o programa semanal *Wide World of Sports*. Enquanto proezas fascinantes de pessoas atléticas passavam pela tela durante esse programa clássico, o comentarista se gabava de como ele e suas equipes de gravação percorriam o mundo "para trazer a você a constante diversidade dos esportes – o êxtase da vitória..." Nesse momento, a câmera mostrava um destemido saltador de esqui descendo pela rampa – "... e a agonia da derrota."

De repente, o saltador perde o controle, salta pelo lado da rampa e, antes mesmo de levantar voo, atravessa vários cartazes e outros aparelhos e cai para o que parece ser a morte certa. Felizmente, ele não se feriu gravemente e pôde voltar à ativa posteriormente.

É fácil identificar-se com esse saltador porque nós também já experimentamos a agonia da derrota. Não sei quanto a você, mas eu gosto de vencer. Não gosto de ser derrotado. Desde o momento em que eu conseguia levantar um taco, uma bola de futebol ou uma apostila da escola, meu pai me ensinou que "Se você for fazer algo, dê o melhor de si, caso contrário, é melhor nem fazer."

Cresci tentando seguir a filosofia do meu pai, buscando a excelência sempre que possível. Não gosto de ser o último. Gosto de ser o primeiro. E essa filosofia se aplica também à minha vida cristã. Não estou interessado em derrotar irmãos cristãos (ou não cristãos) a qualquer custo, mas sim em derrotar Satanás. Não gosto de ver quando Satanás vence. E não gosto quando o mundo me domina. Não gosto quando a carne vence o Espírito. Quando se trata do mundo, da carne e do diabo, eu gosto de vencer tantas vezes quanto for possível.

Eu costumava ter um treinador de futebol que fazia um discurso clássico no intervalo ao modo de Knute Rockne. Rockne era o homem que alguns consideram ter sido o maior técnico de futebol americano de todos os tempos. Uma de suas expressões favoritas era: "Você não pode ser derrotado se você se recusar a ser derrotado." Acredito que os cristãos poderiam usar este lema em seu combate espiritual diário. Segundo as Escrituras, temos o equipamento necessário para nos garantir a vitória. Na verdade, temos a arma decisiva – a espada do Espírito. Tudo que precisamos é a vontade de vencer.

A peça mais importante da armadura

A maioria dos cristãos conhece a famosa passagem sobre a "armadura espiritual" em Efésios 6. Nesta analogia tão conhecida, escrita enquanto estava algemado a um soldado romano, Paulo descreve um equipamento que é vital, não opcional. A batalha diária contra Satanás, sem falar do mundo e da carne, é real, como qualquer um que seja cristão por mais de 30 minutos pode lhe confirmar. Cada peça da armadura cristã merece pelo menos um capítulo em qualquer livro, mas aqui concentramos nossos esforços naquele último item – na espada do Espírito, na Palavra autoritativa de Deus.

Para entender plenamente o conceito paulino da espada, precisamos analisar rapidamente os termos gregos. Paulo não usa a palavra grega para "espada", *romphaia*, que representava uma arma enorme com uma lâmina de um metro ou mais de comprimento. A *romphaia* era a grande espada larga de dois gumes que os soldados manuseavam com ambas as mãos. Não se usava a *romphaia* para fazer cortes cirúrgicos, mas sim para causar destruição.

Paulo usa uma palavra grega muito comum, *machaira*, que descreve uma arma que podia ser um punhal curto de poucos centímetros ou uma espada leve de 40 centímetros, que podia ser manuseada facilmente no combate para se defender e executar ataques rápidos. A *machaira* era o tipo de espada que os soldados romanos usavam no combate corpo a corpo.[1]

A palavra *machaira* é usada em Mateus 26:47 para descrever as armas empunhadas pelos soldados que vieram ao Jardim de Getsêmani para prender Jesus. É a mesma palavra usada para descrever o ato de Pedro cortar a orelha do servo do sumo sacerdote. *Machairas* eram usadas para operações precisas. Se Pedro tivesse usado uma *romphaia*, o coitado do servo teria sido partido em dois!

Observe que Paulo a chama de espada *do Espírito*. Acredito que ele esteja se referindo à origem da espada – nesse caso, o Espírito Santo. Existe uma diferença crucial entre possuir a espada do Espírito e simplesmente possuir uma Bíblia. Um não cristão pode possuir uma Bíblia, mas ela não tem muita utilidade para ele. Como vimos no capítulo 2, o homem natural não entende as coisas de Deus. Mas quando cremos em Cristo, o Mestre da verdade – o Espírito Santo – passa a residir em nós. É o Espírito de Deus que disponibiliza a Palavra de Deus e a torna eficaz na vida do cristão. Cada cristão possui a espada do Espírito. A pergunta-chave é se ele sabe usá-la.

Efésios 6:17 aprofunda a questão. Paulo diz que precisamos da espada do Espírito, da *Palavra de Deus*. Já vimos que Paulo estava pensando numa espada do tipo *machaira*, que era pequena e de fácil manuseio. Ele não menciona a *romphaia*, a enorme espada larga que exigia as duas mãos e golpes para todos os lados. O termo grego que Paulo usa aqui para "palavra" não é *logos*, a definição padrão para a revelação geral de Deus. Ele usa a palavra *rema*, que se refere a *afirmações específicas*.

O princípio que Paulo apresenta claramente em Efésios 6:17 é que, quando usamos a espada do Espírito, precisamos ser específicos. Quando a tentação aparece, não podemos simplesmente erguer a Bíblia e dizer: "A Palavra de Deus me protegerá!" Precisamos saber qual passagem da Palavra de Deus serve para a situação específica. Precisamos saber como usar a espada do Espírito na defesa e no ataque.

Como está sua defesa?

Se você já assistiu a uma luta de espadas, você sabe que a espada é usada tanto para aparar (desviar) um golpe quanto para atacar. Sem uma defesa adequada, o espadachim rapidamente seria derrubado. O mesmo princípio se aplica ao uso da Palavra de Deus na luta espiritual. A primeira responsabilidade do cristão é aprender a usar a espada do Espírito para sua defesa. Satanás ataca com tentações constantes, mas você pode literalmente aparar seus golpes com o uso correto da Palavra de Deus.

Jesus dá sua lição clássica sobre estratégia de defesa no relato em que ele foi tentado por Satanás de três maneiras (veja Mateus 4 ou Lucas 4). Vale observar que as tentações vieram a Jesus imediatamente após um momento de triunfo espiritual. Durante seu batismo por João, o Espírito de Deus desce sobre ele como uma pomba, e ouve-se a voz de Deus dizendo: "Este é o meu Filho amado, em quem me agrado" (Mateus 3:17). E no versículo seguinte, já vemos Jesus no deserto sendo tentado pelo diabo. A mesma coisa acontece com qualquer cristão. Quando experimentamos uma vitória espiritual, podemos ser levados a crer que Satanás jamais poderá nos tocar novamente. Mas aquilo que parece ser uma vitória pode rapidamente se transformar em derrota. Cada momento nos traz novos desafios. A batalha jamais termina.

O deserto no qual Jesus entrou para sua batalha com Satanás era uma região entre o planalto central de Jerusalém e o Mar Morto. Chamado de "a devastação" no Antigo Testamento, trata-se de um território de solo árido, cheio de rochas, calor e poeira inimagináveis. Jesus passou 40 dias ali – sozinho –, e então veio o tentador.

A primeira tentação de Satanás foi muito elementar. Após jejuar 40 dias e noites, Jesus estava com fome. "Se você é o Filho de Deus", disse Satanás "mande que estas pedras se transformem em pães" (veja Mateus 4:2,3).

Jesus olhou para as milhares de pedras em sua volta, e cada uma parecia um pão assado nos fornos palestinenses.[2] Isso era simplesmente um convite para satisfazer seu apetite voraz? Certamente o Pai celestial perdoaria isso sob essas circunstâncias. Mas havia muito mais em jogo. A primeira palavra que Satanás usa é "se". *Se* Jesus é o Filho de Deus, certamente ele pode fazer o que bem lhe agrada. Certamente o Filho de Deus não deveria sofrer falta de comida. Satanás está dizendo: "Você é o Filho de Deus, portanto, satisfaça-se. Por que continuar a vagar por aqui, sem honra, sem assistência, morrendo de fome? Isso é digno do Filho de Deus? Use seu poder e sua autoridade e corrija tudo isso!"

Mas Jesus reconhece a tentação: é um convite para desconfiar de Deus e usar seu próprio poder e autoridade para satisfazer seus desejos. Sua resposta é sucinta, precisa e retirada *diretamente de uma passagem do Antigo Testamento em Deuteronômio*: "Nem só de pão viverá o homem, mas de toda palavra que procede da boca de Deus" (Mateus 4:4; veja Deuteronômio 8:3).

O primeiro golpe de Satanás é desviado, mas ele está apenas no aquecimento. Já que Jesus gosta de citar as Escrituras, Satanás fará o mesmo (algo que cada cristão jamais deveria esquecer). Sua próxima sugestão é que Jesus se jogue do telhado do templo em Jerusalém, uma queda de mais de 100 metros. Afinal de contas, os anjos o resgatariam, como diz em Salmos 91. E novamente, Jesus responde-lhe citando as Escrituras: "Também está escrito: 'Não ponha à prova o Senhor, o seu Deus'" (Mateus 4:7). Nesse caso, Satanás não estava apenas tentando Jesus, estava sugerindo também que ele deveria ver até onde podia desafiar o Pai. Deus espera que assumamos riscos sendo fiéis a ele, mas não que assumamos riscos para aumentar nosso próprio prestígio.

Os dois golpes de Satanás foram aparados, mas ele ainda não desistiria. Em sua próxima oferta, ele aposta tudo.

São oferecidos a Jesus todos os reinos do mundo, bastando que ele se ajoelhe e adore o diabo. Tudo que teria que fazer seria "comprometer-se um pouquinho" e entrar no jogo de Satanás

– relacionar-se um pouco mais com o sistema do mundo; ser relevante e contemporâneo em vez de reto e tradicional. Mas Jesus usa mais uma vez sua *machaira* e cita pela terceira vez o livro de Deuteronômio: "Retire-se, Satanás! Pois está escrito: 'Adore o Senhor, o seu Deus e só a ele preste culto'" (Mateus 4:10; veja Deuteronômio 6:13).

Jesus já está tão cansado das armadilhas de Satanás que ele quer sumir dali, e é isso que ele faz. Por três vezes, Satanás ataca Jesus com seus melhores golpes, e três vezes ele fracassa. A razão? Jesus usa a espada do Espírito com a precisão exigida. Já que todas as três respostas de Jesus eram citações de Deuteronômio, podemos nos perguntar se este era o único livro que ele conhecia. É muito improvável. Ele usou o Deuteronômio seguidamente por três vezes *porque era adequado à situação*. Ele poderia ter citado com igual facilidade qualquer um dos outros livros – Salmos, Provérbios, Gênesis.

O princípio é muito claro. Quando você estiver se defendendo dos ataques de Satanás, use a *machaira* do Espírito, o *rema* de Deus para aparar especificamente cada golpe. O cristão precisa ser capaz de se defender sempre que a tentação surgir. Ele precisa ter os princípios, as passagens e as verdades da Palavra de Deus em sua mente e em seu coração. Nem sempre haverá tempo de parar na porta da igreja e fazer perguntas ao pastor ou então de ligar para uma organização de apoio ao cristão. Se o cristão não conseguir se desviar do golpe por conta própria, Satanás o acertará, e este cristão perderá a batalha que estiver travando.

E jamais duvide por um minuto sequer – Satanás sabe onde estão seus pontos fracos. Você pode enganar seus colegas num estudo bíblico ou as testemunhas de Jeová na porta de sua casa, mas você não conseguirá enganar Satanás. Ele o atacará em seu ponto mais fraco. Nunca é demais saber acerca de como usar a espada do Espírito. É muito fácil cair na tentação simplesmente por não saber como a Palavra de Deus lida com as questões e os problemas que o confrontam todos os dias.

E não se esqueça de partir para o ataque

Por mais que eu use a Palavra de Deus para defender-me dos ataques de Satanás, eu amo usá-la também como arma ofensiva. É estimulante. Você se cansa de ficar na defensiva o tempo todo, mas quando você começa a usar a espada do Espírito como arma de ataque, você poderá desbravar a selva do reino de Satanás.

E como você pode usar a Palavra de Deus na ofensiva? Sempre que você leva o evangelho para uma pessoa não salva, a espada do Espírito abre uma trilha no reino satânico das trevas. Sempre que você ensina ou compartilha a Palavra em sua família, numa aula, entre seus amigos ou no emprego, você está desarmando a armadilha que Satanás usa para capturar sua presa.

Satanás sabe que a Palavra de Deus é eficaz, e é por isso que ele tenta impedir seu avanço sempre que pode. No capítulo 9, comparamos a Palavra com a semente que Satanás tenta roubar ou sufocar com ervas ou rochas (veja Lucas 8). Observamos também que a Palavra é rápida e poderosa, tão afiada que ela penetra nossas barreiras para revelar nossas verdadeiras motivações (veja Hebreus 4:12).

Em Jeremias 23.29, Deus pergunta: "'Não é a minha palavra como o fogo e como um martelo que despedaça a rocha?'" E quem se esquece da declaração ousada de Paulo em Romanos 1.16: "Não me envergonho do evangelho, porque é o poder de Deus para a salvação de todo aquele que crê."

Mas não há diferença entre usar a espada do Espírito no ataque e usá-la em postura defensiva. Você precisa executar determinados movimentos e golpes precisos. Você já se envolveu em uma conversa sem conseguir encontrar uma resposta sobre determinado assunto porque não sabia o que a Bíblia ensina sobre aquela área? Isso não significa que devemos nos esconder por trás de uma "cortina do silêncio". É melhor reconhecer que você não sabe algo. Depois vá e descubra a resposta, para que você possa usar a espada com maior precisão da próxima vez. Quanto mais conhecermos a Palavra, melhor conseguiremos marchar através do reino de Satanás, desferindo golpes mortais em suas mentiras.

Você é uma borboleta, um botânico ou uma abelha?

Uma das desculpas comuns que os cristãos costumam dar para não conhecerem melhor a Palavra é que eles "não a entendem". Não caio nessa. Deus não apenas nos deu sua Palavra, mas também o Mestre da verdade – o Espírito Santo – que reside em nosso coração. Sempre que quisermos aprender, ele nos ensinará. G. Campbell Morgan, um gigante do púlpito do século 19, foi procurado por um homem após um sermão poderoso. O homem disse: "Dr. Morgan, sua pregação é tão inspiradora!" Supostamente, Morgan respondeu: "95% da inspiração é transpiração." É isso mesmo. Você precisa trabalhar para dominar a Bíblia, um trabalho feito com habilidade e precisão. Nossa espada do Espírito é a *machaira*, não a *romphaia*.

Uma ilustração antiga fala de um homem que olhava pela sua janela para um lindo jardim cheio de plantas e flores. Primeiro ele viu uma linda borboleta, que voava de flor em flor, pausando apenas um segundo ou dois antes de continuar. Ela tocava muitas flores, mas não tirava nenhum proveito delas.

Depois viu um botânico que carregava um caderno grande e uma lupa enorme. O botânico se debruçava sobre uma flor por muito tempo, olhando para ela por meio de sua lupa e depois escrevia vigorosamente algo em seu caderno. Permaneceu ali durante horas, estudando as flores e fazendo anotações. Por fim, fechou seu caderno, guardou sua lupa e foi embora.

O terceiro visitante que ele viu no jardim foi uma pequena abelha. A abelha pousava numa flor e entrava nela, extraindo todo o néctar que conseguia carregar. Em cada visita a uma flor, ela chegava vazia e saía cheia.

O mesmo acontece com os cristãos em sua abordagem à Palavra de Deus. Existem aqueles que, como borboletas, pulam de sermão para sermão, de estudo bíblico para estudo bíblico, trazendo nada e levando nada além de um bem-estar. E existem os botânicos espirituais que anotam tudo. Tentam compreender tudo – desde o título até cada ponto do esboço. Estudam as palavras, mas não conseguem retirar muito das flores. São movidos por mero intelectualismo.

E existem as pessoas que são como abelhas espirituais. Aprofundam-se em cada flor, cada livro ou página das Escrituras e extraem sabedoria, verdade e vida, que podem ser uma bênção para elas mesmas e para as pessoas em sua volta.[3]

E você, qual dessas imagens o caracteriza? É fácil detectar o problema da borboleta, mas o problema do botânico é mais sutil. Afinal de contas, não é o estudo cuidadoso da Bíblia nossa preocupação aqui? Sim, é disso que estamos falando, mas apenas se esse estudo deixar de ser apenas uma ideia em sua cabeça e tornar-se um desejo em seu coração. A diferença é sua obediência ao Espírito Santo, ao verdadeiro Mestre que habita em você, que pode lhe dar todos os benefícios da Palavra de Deus se você lhe der permissão. Você entrará e sairá carregado – sempre. Você saberá como usar a espada do Espírito na defesa e no ataque. E na batalha espiritual diária, você terá sua partilha de entusiasmo na vitória.

Resumindo

Cada cristão possui o equipamento necessário para obter vitória na luta diária contra o mundo, a carne e o diabo. A arma mais importante é a espada do Espírito, a Palavra de Deus, que é comparada com uma pequena arma de fácil manuseio usada para operações de precisão. Essa espada é fornecida pelo Espírito Santo, que é o Mestre que habita no coração de cada cristão. É a Palavra de Deus, que precisa ser usada específica e precisamente para ser eficaz na vida do cristão.

Os dois usos da espada do Espírito são a defesa e o ataque. Na defesa, precisamos aprender a usar a Palavra para aparar os golpes e as investidas de Satanás, que arremete contra nós em nosso ponto mais fraco. Na ofensiva, precisamos ser igualmente específicos e precisos sempre que pudermos, quando usarmos a espada para ensinar e compartilhar a Palavra de Deus com o fim de desbravar o reino das trevas espirituais da maldade.

Existem três abordagens à Palavra de Deus que podem ser comparadas aos três visitantes de um lindo jardim de flores. Podemos ser como borboletas que voam por aí sem obter nenhum ganho objetivo; ou ser como botânicos que estudam cuidadosamente os detalhes das flores, mas que não encontram uma nutrição verdadeira. Ou podemos ser como abelhas, pessoas que se aprofundam na Palavra de Deus, que entram vazias e saem carregadas de sua verdade, sabedoria e poder.

A forma como decidimos usar nossa espada do Espírito determina a margem de diferença que vivenciaremos entre o êxtase da vitória e a agonia da derrota.

Algumas perguntas pessoais

1. Você diria que usa a espada do Espírito melhor na ofensiva do que na defensiva? Por quê?

   _____

   _____

2. Lembre-se de três áreas em que você precisa aprender a usar a espada do Espírito com maior habilidade. Aqui estão algumas sugestões:

   _____

   _____

   * Na defesa – em decisões éticas, em situações morais (ou seja, controle da sexualidade), em tentações de promover fofoca e injúria, quando confrontado com seu orgulho, sua fome de poder, prazer ou materialismo.
   * Na ofensiva – no testemunho, na conversa com sua família sobre o Senhor, na defesa dos princípios cristãos sem parecer puritano ou impertinente, no ensino de outros sobre Cristo por meio do exemplo ou instrução direta.

3. Qual visitante ao jardim de flores representa você na maior parte do tempo? A borboleta? O botânico? A abelha? Por que, às vezes, é mais fácil ser um botânico do que uma abelha? Por que, às vezes, é difícil distinguir essas duas abordagens uma da outra?

Versículos-chave para lembrar

Usem [...] a espada do Espírito, que é a palavra de Deus.

EFÉSIOS 6:17

Nem só de pão viverá o homem, mas de toda palavra que procede da boca de Deus.

MATEUS 4:4

PARTE III

Como tirar o maior proveito da Palavra de Deus

É útil saber por que podemos confiar na Bíblia e por que ela tem mais autoridade do que qualquer outro livro (veja os capítulos 1-5 deste livro). E nos motiva ver o que a Bíblia pode fazer por nós, dando-nos o poder para a vida diária (veja os capítulos 6-10). Mas para pouco nos servirão a autoridade e o poder das Escrituras, se não as usarmos correta e regularmente.

O valor da Palavra de Deus é inquestionável, mas a questão de como ler e estudar a Bíblia de forma eficaz e consistente permanece um mistério para muitos cristãos. Mas esse mistério pode ser solucionado se for o nosso desejo. Tirar o máximo de proveito da Palavra de Deus envolve as perguntas básicas a seguir:

+ *O que a Palavra de Deus diz?* Qual é a melhor maneira de lê-la? Quanto devemos ler por dia, por semana? Quais são as melhores técnicas para lembrar aquilo que foi lido?

* *O que a Palavra de Deus significa?* Qual é a melhor abordagem à interpretação da Bíblia? O leitor leigo pode encontrar o significado real das Escrituras? Qual é o melhor método de estudo da Palavra de Deus?

Nestes dois últimos capítulos, veremos maneiras práticas de tirar o máximo de proveito da Palavra de Deus.

11

O que diz a
Palavra de Deus?

Se os capítulos anteriores acrescentaram alguma coisa a você, espero que tenham demonstrado incansavelmente que os cristãos têm um tesouro incrível na Bíblia. O estudo eficaz da Palavra de Deus é fundamental para a vida cristã. Para o cristão, buscar o conhecimento da Palavra de Deus é sua mais importante iniciativa.

Pré-requisitos para um estudo bíblico proveitoso

Para conhecer Deus por meio de sua Palavra, é fundamental ter a postura correta do coração e da mente. O estudo bíblico eficaz exige pelo menos cinco coisas: novo nascimento, desejo real, diligência constante, santidade prática e oração.

O novo nascimento, ter nascido de novo, parece óbvio, mas é fundamental. Como vimos de forma tão clara no capítulo 2 deste livro, a fim de extrairmos ensinamentos da Palavra de Deus, precisamos pertencer a Deus. O homem natural não compreende as verdades de Deus porque lhe falta o residente Mestre da verdade, o Espírito Santo (veja 1Coríntios 2:14).

O desejo real de conhecer a Palavra é crucial. Em décadas recentes, tem havido uma ênfase na emoção, no desejo de extrair alguma carga emocional do cristianismo. Mas o propósito primário de se aproximar da Bíblia não é uma emoção. As Escrituras não são um comprimido antidepressivo santificado. As Escrituras existem para lhe dar conhecimento. E adquirir esse conhecimento exige esforço. Quanto mais você estiver disposto a fazer esse esforço, mais proveito você tirará das Escrituras.

Estudar a Bíblia sem convicção é entediante. Se você se aproximar das Escrituras com uma postura legalista ou ritualista ou porque você está sofrendo a pressão de colegas ou do pastor, você não conseguirá aproveitar muito dela. O que você precisa é sentir uma fome em seu coração, uma paixão de conhecer Deus por meio de sua Palavra. Pergunte-se o quanto você deseja conhecer Deus. Que lugar esse desejo ocupa em sua lista de prioridades?

A diligência constante vem imediatamente após o desejo real. Seus desejos precisam resultar em ação, caso contrário nada acontecerá. Não há como negar: estudar a Bíblia é um trabalho pesado. O Espírito Santo não fará sua obra enquanto estivermos passeando no parque ou cochilando na frente da TV. O Espírito opera por meio da Palavra e precisamos ser diligentes para obter sua mensagem.

Além da miríade de tarefas e de obrigações como pastor de uma igreja com muitos membros, gasto de 25 a 30 horas por semana preparando sermões. Para ser sincero, há dias em que não me sinto tão diligente quanto deveria. A paixão por conhecer Deus fica mais fraca. Seria muito mais divertido levar a família à praia, assistir a um jogo ou simplesmente relaxar em casa com a leitura de um jornal e de algumas revistas. Em momentos assim, preciso me lembrar dos cristãos de Bereia, em Atos 17. Lucas os chama de nobres porque eles sondavam as Escrituras todos os dias (veja Atos 17:11). 2Timóteo 2:15 diz: "Procure apresentar-se a Deus aprovado, como obreiro que não tem do que se envergonhar, que maneja corretamente a palavra da verdade." O estudo da Bíblia exige disciplina. Se não houver transpiração, não haverá inspiração.

A santidade prática é o quarto pré-requisito que não devemos ignorar. Chamo-a de "prática" porque me refiro simplesmente a uma vida correta. Posso falar sobre santidade em termos muito espirituais e misteriosos, mas a essência é: "Quão pura é a minha vida?" No capítulo 8, aprendemos que a chave para o crescimento é *primeiro* despir-se da maldade, do engano, da hipocrisia, da inveja e da fofoca para então proceder para o leite sincero da Palavra, que é responsável pelo crescimento espiritual do cristão (veja 1Pedro 2:1,2).

Se você insistir na prática de alguns de seus pecados favoritos, o leite da Palavra não lhe fará muito bem. Você ficará com indigestão ou, na maioria das vezes, decidirá que sua fome não é tão grande assim.

A oração é outro elemento fundamental para o estudo bíblico. Os primeiros apóstolos reduziram suas prioridades a duas coisas: Nós "nos dedicaremos à oração e ao ministério da palavra" (Atos 6:4). O estudo das Escrituras e a oração andam de mãos dadas. A oração busca a fonte divina do entendimento – o próprio Deus.

O apóstolo Paulo destacou a centralidade da oração para a aquisição do entendimento bíblico quando escreveu: "Não deixo de dar graças por vocês, mencionando-os em minhas orações. Peço que o Deus de nosso Senhor Jesus Cristo, o glorioso Pai, lhes dê espírito de sabedoria e de revelação, no pleno conhecimento dele. Oro também para que os olhos do coração de vocês sejam iluminados, a fim de que vocês conheçam a esperança para a qual ele os chamou, as riquezas da gloriosa herança dele nos santos" (Efésios 1:16-18).

Paulo sentia a profunda necessidade da iluminação divina por meio da revelação de Deus, e ele a buscou por meio da oração. Nenhum cristão deveria olhar para as páginas das Escrituras sem antes olhar para o alto, para a fonte da Palavra, e pedir orientação. Dedicar-se ao estudo bíblico sem oração é presunção ou até mesmo sacrilégio.

Após conhecermos alguns dos pré-requisitos para um estudo bíblico proveitoso, vejamos agora como isso é feito. O primeiro passo é simples – talvez até simples demais.

Leia a Palavra de Deus sistematicamente

O primeiro passo do estudo bíblico é *ler a Bíblia*. Não é exagero dizer que a importância do estudo bíblico eficaz precisa começar com uma leitura sistemática das Escrituras. Outros métodos trarão benefícios limitados, caso você não absorva todo o fluxo e contexto daquilo que a Palavra de Deus lhe diz.

Mesmo com a pluralidade de ferramentas, métodos e recursos disponíveis para o estudo bíblico hoje em dia, os cristãos estão sempre tentados a cometer os mesmos erros cometidos pelos judeus do Reino do Sul – Judá, quando Isaías profetizou sua destruição por meio de invasores estrangeiros. Eles riram das advertências de Isaías, como se fossem meras lições da escola dominical. Achavam que estavam acima do princípio "Ordem sobre ordem, ordem sobre ordem, regra e mais regra, regra e mais regra; um pouco aqui, um pouco ali" (Isaías 28:10). Sabemos qual foi seu fim. Judá foi conquistada pelos babilônios em 586 a.C., e os zombadores que acreditavam estar acima dos princípios e da ordem foram levados em cativeiro.[1]

A mensagem é evidente: Nenhum fiel jamais está acima dos fundamentos. Métodos e livros sofisticados para o estudo bíblico são importantes, todavia, jamais deveriam substituir os passos fundamentais. E não existe passo mais fundamental do que a leitura sistemática da Palavra de Deus, linha após linha, preceito após preceito, para absorver sua absoluta verdade e coerência.

Um plano para o Antigo Testamento

Evidentemente você precisa de um plano para ler a Bíblia. Para o Antigo Testamento, sugiro que você o leia completamente uma vez por ano no estilo narrativo (de Gênesis a Malaquias, sem ficar alternando). Sim, existem algumas partes difíceis. A leitura é um pouco dura em Levítico e partes do Deuteronômio, mas em geral a língua hebraica do Antigo Testamento se traduz para uma leitura muito simples e concreta.

Tendo estudado hebraico e grego, reconheço que as diferenças entre as duas línguas é significativa. O grego é uma língua extremamente complexa e, muitas vezes, de difícil tradução, por causa de sua natureza filosófica. É um jeito abstrato de dizer as coisas. O hebraico, por sua vez, é muito concreto, simples e direto.

E a melhor maneira de ler o Antigo Testamento é de A a Z, como uma história. Não procure uma apresentação de uma teologia sistemática. Não comece procurando "tipos" e alegorias e dispensações. Você pode fazer isso mais tarde, após se dedicar à interpretação da Bíblia (veja o capítulo 12). A primeira coisa a fazer é simplesmente ler o Antigo Testamento para descobrir o que este diz, para ouvir a história que ele tem a contar. Você verá o desdobramento da revelação progressiva de Deus e você encontrará também os fundamentos para as verdades do Novo Testamento que virão mais tarde.

Ao ler a Bíblia, mantenha um lápis e um caderno à mão. Anote as passagens que você deseja reler e estudar mais a fundo posteriormente, preferencialmente com o método indutivo (veja o capítulo 12). Quando você se deparar com uma passagem que não entende completamente, não desanime. À medida que continuar a ler o Antigo Testamento, ano após ano, linha após linha, preceito após preceito, você começará a substituir os pontos de interrogação por pontos de exclamação.

Qual é a melhor maneira de organizar sua leitura do Antigo Testamento? Quantos capítulos você deve ler por dia, por semana?

Eis um plano simples: Existem 929 capítulos em todo o Antigo Testamento. Divida 929 por 365 dias e isso resultará em 2 capítulos e meio por dia. Para abrir espaço para dias em que você não possa ou consiga ler por algum mal-estar ou imprevisto, estabeleça a meta de ler pelo menos três capítulos por dia, o que lhe custará em média de 15 a 20 minutos por dia. Lembre-se de que alguns capítulos são bem longos; outros são muito curtos. Um capítulo da Bíblia, em média, costuma ocupar uma página, portanto, a meta de ler três capítulos por dia não deve ser tão difícil de alcançar.[2]

Um plano para o Novo Testamento

No que diz respeito ao Novo Testamento, eu uso uma abordagem um pouco diferente. Observo o princípio de repetição que ocorre em Isaías 28:9 (linha após linha, preceito após preceito), mas com uma variação importante. Em vez de ler todo o Novo Testamento de Mateus a Apocalipse, leio cada livro uma vez por dia durante 30 dias. Isso funciona maravilhosamente com livros mais curtos, como 1João. Na verdade, comecei a usar esse sistema com 1João. Eu o li todinho numa única sessão (levei mais ou menos 30 minutos). Talvez você nunca tenha lido um livro inteiro de uma só vez, nem mesmo um livro curto. Mas ler um livro inteiro de uma só vez lhe transmite um senso de contexto e o texto flui. Isso ajuda a tirá-lo da mentalidade da decoreba. Você já conhece minha opinião sobre a memorização de versículos (veja capítulo 9). É importante, mas se não for feito de maneira organizada, por exemplo, com o método dos Navegadores,[3] é muito fácil achar que a Bíblia é uma coleção de pequenos provérbios bonitinhos.

A Bíblia possui fluxo e contexto, especialmente as cartas de Paulo, Tiago e outros. Quando alguém lhe escreve uma carta, você não para de ler numa passagem agradável, depois pula duas páginas para encontrar outro pensamento inteligente. Você a lê de uma só vez.

Por isso, sente-se e leia 1João por inteiro. Foi difícil? No dia seguinte, leia novamente toda a carta de 1João. No terceiro dia, repita isso e continue repetindo durante 30 dias. Você sabe o que acontecerá no final dos 30 dias? Você saberá o que está em 1João. Ninguém mais conseguirá enganá-lo. Onde é que ele fala sobre o perdão dos pecados? No capítulo 1, versículos 7 a 9. Onde João fala sobre como e por que Deus é amor? No capítulo 4, versículos 7 a 21. Para advertências sobre amar demais o mundo, veja o capítulo 2, versículos 15 a 17. Para a promessa da vida eterna, veja o capítulo 5, versículos 11 e 12.

Estes são apenas alguns exemplos mais óbvios. Você conseguirá ver 1João diante de seus "olhos mentais" – a localização de cada versículo, onde cada linha se encaixa. E o melhor de tudo é que você conhecerá o fluxo do livro e entenderá sua mensagem básica. Depois, escolha outro livro curto e repita a mesma coisa durante 30 dias. No final destes 30 dias, você terá outro livro do Novo Testamento gravado em seu coração e em sua mente.

"OK, OK", você deve estar pensando, "isso é legal para livros mais curtos como 1João, Colossenses ou Filipenses, mas e os livros mais longos como os Evangelhos de Mateus e João ou os Atos dos Apóstolos? E o Apocalipse? Se eu ler este livro durante 30 dias, eu também começarei a ter visões."

Mas há uma resposta fácil a esse problema. Divida os livros mais longos e use o mesmo sistema de 30 dias. Por exemplo, o Evangelho de João tem 21 capítulos. Divida-o em três seções de sete capítulos. Leia os primeiros sete capítulos durante 30 dias. Depois, faça o mesmo com os próximos sete capítulos e com os últimos sete capítulos. Em 90 dias, você terá absorvido todo o Evangelho de João da mesma forma. E eu lhe garanto que você saberá o que está escrito nele. Jesus e Nicodemos? João 3. O primeiro milagre no casamento em Caná da Galileia? João 2. O chamado dos discípulos? João 1. O capítulo sobre a videira? João 15. O Bom Pastor? João 10. O discurso sobre o Pão da Vida? João 6.

Se você quiser saber o que a Bíblia diz, este método lhe ajudará como nenhum outro. Varie o comprimento dos livros. Primeiro, um livro curto, depois, um livro longo, depois, outro livro curto. Em dois anos e meio você terá lido todo o Novo Testamento 30 vezes, e em algum momento, ele começará a fazer sentido. Uma verdade dita em Colossenses se relacionará com uma verdade que se encontra em Efésios. Os argumentos de Paulo em Romanos se relacionarão claramente com a polêmica em Gálatas. A parábola do Bom Samaritano se fundirá com as instruções práticas em Romanos 12, Efésios 5 e Gálatas 6.

Você pode dizer: "Ah, isso é difícil demais. Não tenho como seguir uma agenda como esta. É fácil para o John MacArthur; ele precisa fazer isso 25 a 30 horas por semana para preparar seus sermões."

Há várias respostas para este dilema. Em primeiro lugar, essa abordagem de 30 minutos por dia durante 30 dias vale o esforço. Ela o libertará da vergonha de tantos cristãos que abrem a Bíblia e dizem: "Socorro! Veja só quanta coisa! Não tenho como absorver tudo isso com entendimento. Prefiro deixar que o pastor explique o sentido de tudo isso e me passe tudo em pequenas porções." E é aí onde eles permanecem, sendo amamentados em vez de conhecerem a Palavra.

No que diz respeito a permanecer firme, sim, isso exige disciplina. E você pode ficar entediado. Em algumas pessoas, o tédio aparece no sétimo, no décimo segundo ou no décimo sétimo dia. Parte da razão é que você ainda está lendo a Bíblia como você sempre a leu – superficialmente. A melhor maneira de combater o tédio é tentar se aprofundar naquilo que está lendo. Comece a estudar o que o autor realmente está dizendo. Diminua o ritmo da leitura, não a acelere. Logo você dirá: "Ah, entendi! Isso faz sentido!"

Sim, haverá dias em que você não conseguirá cumprir sua meta. Você pode ficar doente, pode surgir uma emergência ou alguma viagem. Mas o que conta é o sistema. *Não abandone o sis-*

tema. Leia cada livro ou porções dele inteiramente tantas vezes quanto puder, numa base diária, mas seja flexível. Haverá dias em que você precisa investir mais tempo em oração. Permita que o Espírito Santo o oriente no desenvolvimento de um sistema de leitura bíblico que funcione *para você*.

Mais uma coisa. Se você quiser se dedicar seriamente à leitura e ao estudo da Bíblia, você terá de reorganizar suas prioridades. Todos nós precisamos lutar contra a preguiça e a inércia. Para fazer qualquer coisa que mereça sua atenção, você precisa pagar um preço. Como seminarista, ouvi estudiosos importantes e estudantes da Bíblia explicarem como a Bíblia deve ser estudada. Todos eles diziam a mesma coisa: *Leia as Escrituras repetidas vezes*.

Sua primeira meta é descobrir o que a Bíblia diz. Existe um segundo passo importante – descobrir o que tudo o que é lido significa. Falaremos sobre isso no último capítulo.

Resumindo

Conhecer Deus – realmente conhecê-lo – por meio de sua Palavra é uma meta crucial para todo cristão. Conhecer Deus de modo que ele realmente fale conosco por meio de sua mensagem bíblica exige um estudo bíblico regular e eficaz. Para que o estudo bíblico seja útil, precisamos: nascer de novo, ter o desejo sincero de aprender, ser constantemente diligentes, praticar a santidade e orar.

O primeiro passo para um estudo bíblico eficaz é ler a Bíblia. Isso pode parecer óbvio e simples demais, mas, se não lermos a Bíblia regular e sistematicamente, aprenderemos pouco. As ferramentas e os recursos para o estudo bíblico têm seu lugar, mas eles jamais devem substituir a leitura repetida das Escrituras, linha por linha, preceito por preceito.

Um bom plano para ler o Antigo Testamento é o estilo narrativo, de A a Z, sem ficar pulando de uma parte à outra. Dessa forma, você conhecerá toda a história da revelação progressiva. Um bom plano para ler o Novo Testamento é conhecer as verdades de sua aliança lendo o mesmo livro durante 30 dias para se familiarizar com seu fluxo e suas verdades. Quando o livro for mais extenso, divida-o em seções e leia uma seção todos os dias durante 30 dias. Você pode ler os 21 capítulos do Evangelho de João lendo sete capítulos durante 30 dias, depois mais sete capítulos durante 30 dias e os últimos sete capítulos durante 30 dias.

O sistema de ler um livro inteiro durante 30 dias é difícil demais? Você pode até pular um dia de vez em quando, mas o sistema faz valer a pena o esforço. Em dois anos e meio você conhecerá a Palavra de Deus melhor do que nunca.

Algumas perguntas pessoais

1. Como você vê a Bíblia? a) como tesouro de valor inestimável; b) como livro repleto de sabedoria e orientação prática; c) como um livro um tanto difícil que você sabe que deve estudar? Como você explica sua atitude em relação às Escrituras? De onde você acha que a adquiriu?

2. Em sua opinião, qual é a diferença entre conhecimento *sobre* Deus e conhecimento *de* Deus?

3. Numa escala de 1 a 10, sendo 10 o melhor, como você avaliaria seu desejo de conhecer a Palavra?

4. Como você se sente em relação ao plano de ler um livro diariamente durante 30 dias? Você está disposto a tentar? Quais seriam os maiores obstáculos? Quais seriam os maiores benefícios?

Versículos-chave para lembrar

Quero conhecer a Cristo, o poder da sua ressurreição.

FILIPENSES 3:10A

Ordem sobre ordem, ordem sobre ordem, regra e mais regra, regra e mais regra; um pouco aqui, um pouco ali.

ISAÍAS 28:10

12

O que significa a Palavra de Deus (e o que posso fazer em relação a isso)?

Um jovem casal de outra igreja procurou aconselhar-se com um dos nossos pastores assistentes sobre os problemas conjugais que estavam enfrentando logo após o casamento. Depois de alguns minutos de entrevista, o pastor reconheceu a enorme distância que os separava em termos de gostos, ideias e opiniões.

"O que levou vocês dois a se casarem?", o pastor perguntou.

"Um sermão pregado pelo nosso pastor sobre como Josué conquistou Jericó."

"O que isso teve a ver com seu casamento?"

"Bem", explicou o marido, "Josué e seu exército reivindicaram Jericó, rodearam a cidade sete vezes e os muros caíram. Nosso pastor nos disse que, se confiássemos em Deus, reivindicásse-mos determinada jovem e a rodeássemos sete vezes, os muros de seu coração ruiriam e ela se prontificaria para casar. Foi o que eu fiz. E nós nos casamos."

Nosso pastor assistente ficou boquiaberto. O marido estava debochando dele? Não. Na verdade, vários casais daquela igreja haviam se casado pelo mesmo motivo após ouvirem o mesmo sermão!

Esta história ilustra pelo menos duas coisas. 1) Você pode confundir-se completamente com o significado da Bíblia e com o que fazer em relação a isso. 2) A interpretação e a aplicação das Escrituras podem ser cruciais para decisões na vida.

A importância de cortar em linha reta

A interpretação das Escrituras tem sido um tipo de campo de batalha durante séculos por uma razão óbvia. Tudo é muito subjetivo, pelo menos é o que parece. Não é verdade que todos têm sua própria visão, e que toda visão é tão válida quanto a outra? Não necessariamente. Eu acredito que existem princípios salutares para a interpretação bíblica. Sim, existem algumas partes difíceis. Existem algumas coisas em relação às quais jamais concordaremos porque nosso conhecimento ou nossas capacidades são limitadas. Como diz Deuteronômio 29:29 com tanta sabedoria: "As coisas encobertas pertencem ao Senhor, ao nosso Deus."

Por outro lado, existem muitas partes da Palavra de Deus que podemos interpretar de forma sã e organizada. Como Mark Twain, o agnóstico ríspido, reconheceu: "Não são as coisas na Bíblia que eu não entendo que me importunam. São as coisas que eu entendo."

O apóstolo Paulo teria concordado com Mark Twain nesse ponto. Quando escreveu a Timóteo, Paulo disse: "Procure apresentar-se a Deus aprovado, como obreiro que não tem do que se envergonhar, que *maneja corretamente* a palavra da verdade" (2 Timóteo 2:15). A versão *King James* traduz: "divida corretamente a palavra da verdade". O texto grego diz literalmente: "corte em linha reta".

Paulo tinha por profissão fazer tendas e pode muito bem ter usado essa expressão ao comparar a produção de tendas com o estudo das Escrituras. Naquela época, as tendas eram feitas de inúmeras peles de animais. Para fazer com que todas as partes se encaixassem perfeitamente, elas precisavam ser cortadas corretamente. O mesmo vale para as Escrituras. A Bíblia é um todo. Deus nos deu a tenda inteira, por assim dizer. Mas, se não cortarmos em linha reta as partes individuais (os versículos, capítulos e livros), o todo não se encaixará. Não manusearemos corretamente a Palavra de Deus.

O resultado de "cortar em linhas tortas" pode ser qualquer coisa desde erros menores ao caos total. Um exemplo de caos é o que as seitas fazem quando cortam as Escrituras de acordo com seus próprios padrões tortos. Mas muitos cortes tortos ocorrem também com cristãos conhecedores da Palavra. Coisas incríveis foram demonstradas ou refutadas por meio do emprego descuidado ou torto da Bíblia.

Os teólogos chamam a ciência da interpretação bíblica de *hermenêutica* (da palavra grega *hermeneuo*). Para evitar uma hermenêutica falha, precisamos evitar alguns erros básicos.

Passar uma mensagem pessoal ao custo de uma interpretação correta é uma tentação comum para os pastores que buscam adequar as Escrituras aos seus sermões; mas os leigos podem cair na mesma armadilha. Um exemplo clássico é o rabino que pegou a história da torre de Babel e alegou que ela nos ensina a nos preocuparmos mais uns com os outros. Como ele chegou a essa interpretação? Porque sua pesquisa no Talmude revelou que, à medida que a torre aumentava de altura, os trabalhadores que carregavam os tijolos para os pedreiros caíam e morriam. Os gerentes da obra ficavam desesperados quando um trabalhador caía durante a subida e perdia sua preciosa carga de tijolos com ele. Mas, se um trabalhador caía durante a descida sem nenhuma carga, eles não se importavam, pois perdiam apenas um trabalhador.

A brutal desumanidade dos construtores nos transmite uma lição, sim, mas não a lição ensinada no relato bíblico da torre de Babel, que a confusão das línguas dos homens ocorreu porque eles se revoltaram contra Deus. Deus destruiu a torre de Babel porque era um símbolo da idolatria, não porque os construtores se preocupavam mais com os tijolos do que com as pessoas.

No estudo bíblico, extraia a mensagem correta da passagem correta. Não "confirme" seus preconceitos ou opiniões fazendo com que a Bíblia diga o que você quer que ela diga.

Espiritualizar ou alegorizar as Escrituras é outro truque que os pastores usam com os leigos – no púlpito ou em seus escritos. Já vimos um exemplo engraçado, embora seja trágico, de uma alegoria na mensagem de como conseguir um cônjuge a partir da narrativa da queda dos muros de Jericó.

Ouvi outro exemplo de alegoria equivocada numa conferência, onde um dos colegas palestrantes falou sobre o capítulo 11 de João e a ressurreição de Lázaro. Sua interpretação: "Lázaro é o símbolo da igreja, e o que temos aqui é uma imagem vívida do arrebatamento dos cristãos. A ressurreição de Lázaro é a igreja que vivencia o arrebatamento."

Depois, este palestrante me procurou e disse: "John, alguma vez você já reconheceu isso no texto?" Tentei ser honesto, mas diplomático: "Sabe, duvido que qualquer pessoa tenha visto isso no texto antes. Você é o primeiro!"

Há passagens na Bíblia que são simbólicas. Há passagens que apresentam tipos e imagens. Mas cuidado com visões que reconhecem símbolos e imagens que simplesmente não existem no texto.

Para esse tipo de pregação, você não precisa da Bíblia. Você pode usar os contos de fadas, as fábulas de Esopo ou mesmo os classificados de jornal para demonstrar seu ponto de vista.

Apesar de existir apenas uma única passagem em todas as Escrituras que é identificada explicitamente como alegoria (o uso que Paulo faz de Agar e Sara em Gálatas 4:22-23), existem numerosas outras alegorias ou referências figurativas. Veja, por exemplo, o Bom Pastor em João 10; e não podemos deixar de mencionar a alegoria que usamos como base para nosso estudo no capítulo 9 – a videira e os ramos. Lembre-se também de que toda vez que você participar da ceia, você está participando da alegoria mais significativa das Escrituras (veja Lucas 22).

O Antigo Testamento também oferece alegorias. Provérbios 5:15-19 simboliza a fidelidade conjugal aconselhando que o homem beba de seu próprio poço. (Observe também que essa alegoria é explicada em Provérbios 5:20-23.) Outra alegoria interessante se encontra em Eclesiastes 12:3-7, onde a velhice é retratada como um lar que funciona com uma eficiência cada vez menor.

A chave para interpretar uma alegoria consiste em estabelecer se o autor sagrado *a entendia como alegoria* – como linguagem simbólica ou figurativa – ensinando uma verdade específica. As alegorias usadas pelos escritores da Palavra de Deus são autênticas e evidentes. Aproxime-se de todas as outras interpretações alegóricas com cautela.[1]

Juntando todas as peças de forma indutiva

Embora seja útil conhecer alguns dos erros que precisam ser evitados na hora de estudar a Bíblia, a pergunta-chave para a maioria dos cristãos continua sendo: "Como juntar todas as peças? Como posso desenvolver um método de estudo bíblico que me permita trabalhar em meu próprio ritmo e no nível de minha capacidade?"

Se você foi a uma livraria evangélica recentemente, você sabe que existem dezenas de livros sobre estudo bíblico no mercado. Depois de olhar todos os livros, e de escolher um, você pode gastar horas se familiarizando com seu conteúdo e, mesmo assim, ainda não saber como estudar a Bíblia.

Talvez você já tenha ouvido falar da minha solução – o estudo bíblico indutivo. Por "indutivo" queremos dizer o ato de raciocinar a partir dos dados particulares para chegar a uma verdade geral. É o oposto do raciocínio *dedutivo*, no qual você parte do geral e chega ao específico.

Existem vários livros sobre o estudo bíblico indutivo, e talvez você queira examinar alguns destes por si mesmo. Mas deixe-me ensinar-lhe uma simples abordagem de quatro passos que o ajudará a "cortar em linha reta", isto é, a manejar corretamente a Bíblia.

O primeiro passo é a observação. Isso envolve o tema principal discutido no capítulo 11 – leia e releia o texto. Quando você observar o que o texto diz, lembre-se dessas perguntas específicas e faça anotações:

Quem é o autor? Para quem ele está escrevendo? Onde estão seus destinatários e de onde ele está escrevendo? Qual é a situação ou ocasião? Quando isso ocorreu? Quais são os fatores históricos/culturais que podem ter um impacto sobre o entendimento da passagem?

Lembre-se de que existem várias "lacunas" que você terá de preencher: a língua, a cultura e a geografia. Muitas vezes, se você tiver uma boa Bíblia de estudo, como a *The Ryrie Study Bible*,[2] várias destas perguntas podem ser respondidas pelo menos em parte pela introdução que aparece no início de cada livro.

O segundo passo é a interpretação. Ao interpretar, é importante que *você faça sua parte.* Existem certas ferramentas de estudo que você pode usar (veja a seguir), mas não recorra a comentários nesta etapa. Aprofunde-se no texto e determine o que ele significa *para você,* fazendo o seguinte:

1. Sublinhe as palavras e expressões-chave e classifique-as em termos do contexto – o que a passagem está dizendo. Sublinhe primeiro apenas as palavras mais básicas e mais importantes, depois use seu dicionário bíblico, sua concordância bíblica e outros materiais de estudo para descobrir o que significam.

2. Faça uma paráfrase (reescreva em suas próprias palavras) de cada versículo ou parte da passagem bíblica. Se achar isso complicado demais, tente anotar o pensamento básico transmitido pela passagem ou pelo parágrafo em uma oração. Isso pode parecer muito trabalhoso (e o é para algumas pessoas), mas vai obrigá-lo a refletir e a expressar o sentido do texto em suas próprias palavras, algo que pode ser difícil, mas é muito benéfico.

3. Faça uma lista das verdades e dos princípios divinos encontrados no versículo, no parágrafo ou na passagem. Responda a estas perguntas:
   + Há um mandamento dado por Deus?
   + Existe algum exemplo que devo seguir?
   + Há algum pecado que devo evitar?
   + Há alguma advertência contra um ensino falso de qualquer tipo?
   + Existe uma verdade doutrinal sobre Deus, Cristo, o Espírito Santo, o homem, Satanás?
   + Existe uma promessa de Deus ao cristão, a Israel, à igreja, aos não cristãos? (Observe as condições da promessa como, por exemplo, em Mateus 6:33.)

   _____

   _____

4. Encontre referências cruzadas para o maior número possível de verdades ou princípios. Essas mesmas verdades são encontradas e ensinadas em outras partes da Bíblia? Use sua concordância bíblica ou outras ferramentas para descobrir. Anote pelo menos uma ou duas, mas não se canse tentando encontrar seis, oito ou vinte.

   _____

   _____

O terceiro passo é a avaliação. É aqui que você para de conferir o que os comentaristas e outros estudiosos têm dito sobre a passagem que você acabou de ler. Você já fez isso, em certa medida, ao fazer suas observações e interpretações, mas, agora, volte e veja quais são as verdades e princípios divinos destacados pelos comentários que possui em sua biblioteca particular. Talvez você queira alterar sua própria compreensão ou conclusão, mas não pense que sempre precisará concordar com cada comentarista. Exija que eles provem seu ponto de vista. Como alguém disse certa vez: "A Bíblia é um ótimo comentário sobre os comentaristas."

A aplicação é o último passo. Como a passagem bíblica pode se tornar relevante em *sua* vida? O que o Senhor quer que você deixe de fazer? O que ele ordena você a fazer? O que você deveria fazer com maior frequência?

Lembre-se de que a aplicação da verdade bíblica não precisa ser profunda, uma questão de vida ou morte. Você pode aplicar a Palavra de Deus em sua casa, a cada manhã quando sai para o trabalho ou a cada noite durante aquela refeição em que todos estão com fome e cansados. Você pode aplicá-la na igreja, em sua vizinhança, no trabalho, em qualquer lugar onde você se relacione com pessoas. Pode ser interessante manter um registro sobre quantas aplicações bíblicas você realmente fez. Registre-as em seu caderno de estudo. Quantos registros você tem depois de um mês? Depois de três meses? Depois de um ano?

Todos os outros passos e princípios bíblicos serão inúteis se você não realizar aplicações práticas. Paulo destacou isso quando disse a Timóteo que todas as Escrituras são úteis "para o ensino, para a repreensão, para a correção e para a instrução na justiça" (2 Timóteo 3:16).

O ensinamento bíblico e doutrinário é fundamental. Aqui descobrimos o que a Bíblia diz e significa. Mas as perguntas decisivas e finais são: E então? O que você pretende fazer em relação a isso? Como você usará isso em sua própria vida?

Aqui entram em jogo a repreensão, a correção e o treinamento. As Escrituras nos repreendem, revelam nossos pecados e nos mostram como e por que devemos mudar. Nosso próximo passo é corrigir nosso curso, mudar nosso caminho, desenvolver novos hábitos. Tudo isso se resume a sermos treinados pela Palavra – como discípulos nos quais a Palavra de Cristo reside enquanto damos graças a ele (veja Colossenses 3:15-17).

Resumindo

A interpretação das Escrituras pode ser um campo de batalha confuso se não aplicarmos princípios objetivos a essa tarefa. 2 Timóteo 2:15 afirma que o cristão deve aprender a manusear corretamente a palavra da verdade – cortá-la em linha reta. Exemplos de cortar as Escrituras em linha torta – interpretá-las de forma completamente errônea – têm sido numerosos ao longo da história.

Um erro básico cometido por alguns alunos da Bíblia é tentar adequar a Bíblia à sua própria interpretação. Em outras palavras: Não use a Bíblia para justificar uma opinião preconceituosa de modo a fazer com que a Bíblia diga o que você quer que ela diga.

Outro erro básico é espiritualizar ou alegorizar a Bíblia. Essa abordagem permite que a imaginação corra solta a fim de extrair um "sentido" espiritual de uma passagem bíblica. Normalmente, quando a Bíblia usa linguagem alegórica isso é bastante óbvio. Os problemas começam quando os professores bíblicos, os pregadores e outros começam a alegorizar passagens bíblicas que não contêm qualquer alegoria.

Um método básico de estudo bíblico é a abordagem indutiva. Os passos essenciais da abordagem indutiva incluem a observação, a interpretação, a avaliação e, mais importante, a aplicação. As Escrituras ensinam, repreendem, corrigem e treinam (veja 2Timóteo 3:16) à medida que permitimos que a palavra de Cristo resida ricamente em nós (veja Colossenses 3:15-17).

Algumas perguntas pessoais

1. Você concorda ou discorda? "Todos os outros passos e princípios bíblicos serão inúteis se você não os empregar em aplicações práticas." Escreva um parágrafo explicando sua resposta.

   _____

   _____

   _____

   _____

   _____

2. Alguma vez você já usou o método indutivo para estudar a Bíblia? Você acredita que ele funcionaria com sua agenda e seu estilo de vida? Quais mudanças você precisa fazer em suas prioridades a fim de se dedicar seriamente ao estudo indutivo?

   _____

   _____

   _____

   _____

Versículos-chave para lembrar

Procure apresentar-se a Deus aprovado, como obreiro que não tem do que se envergonhar, que maneja corretamente a palavra da verdade.

2 TIMÓTEO 2:15

Habite ricamente em vocês a palavra de Cristo; ensinem e aconselhem-se uns aos outros com toda a sabedoria.

COLOSSENSES 3:16

APÊNDICE A

Leitura bíblica e planos de estudo

Veja a seguir algumas sugestões para estabelecer um horário diário para a leitura e o estudo da Bíblia. Essas ideias se baseiam nos princípios discutidos nos capítulos 11 e 12. Você pode mudá-los e adaptá-los aos seus próprios gostos e hábitos de estudo.

Trinta minutos por dia

O capítulo 11 descreve um plano de leitura de 30 dias para o Novo Testamento, que ressalta a leitura do mesmo livro ou da mesma parte do Novo Testamento todos os dias durante 30 dias. O capítulo 12 descreve um plano de quatro passos para o estudo bíblico indutivo. A fim de obter os melhores resultados, você precisa combinar a leitura e o estudo indutivo numa base consistente e organizada. Se você trabalhar apenas 30 minutos por dia, você não terá tempo para ler um livro ou parte do Novo Testamento, para fazer um estudo indutivo e para orar. A resposta a esse problema é modificar o sistema lendo o livro ou parte dele num dia e fazer o estudo indutivo no dia seguinte. Aqui está um exemplo de como isso pode funcionar, usando a carta aos Gálatas:

Dia 1:   Leia a carta inteira; use o tempo que sobrar para orar.

Dia 2:   Faça o estudo indutivo do capítulo 1 durante 15 ou 20 minutos. Depois, ore.

Dia 3:   Leia a carta inteira; use o tempo que sobrar para orar.

Dia 4:   Faça o estudo indutivo do capítulo 2 durante 15 ou 20 minutos. Depois, ore.

Dia 5:   Leia a carta inteira; use o tempo que sobrar para orar.

Dia 6:   Faça o estudo indutivo do capítulo 3 durante 15 ou 20 minutos. Depois, ore.

Dia 7:   Leia a carta inteira; use o tempo que sobrar para orar.

Dia 8:   Faça o estudo indutivo do capítulo 4 durante 15 ou 20 minutos. Depois, ore.

Dia 9:   Leia a carta inteira; use o tempo que sobrar para orar.

Dia 10:   Faça o estudo indutivo do capítulo 5 durante 15 ou 20 minutos. Depois, ore.

Dia 11:   Leia a carta inteira; use o tempo que sobrar para orar.

Dia 12:   Faça o estudo indutivo do capítulo 6 durante 15 ou 20 minutos. Depois, ore.

Dias 13-30: Repita este ciclo tantas vezes quanto for possível. Varie seus estudos indutivos para dedicar um tempo extra a passagens mais difíceis das Escrituras ou que são ricas em sentido. Sempre, porém, use o dia seguinte para ler toda a carta a fim de ter o benefício do princípio de aprender por meio da repetição.

Para fazer um mês de estudo de passagens do Antigo Testamento, use o mesmo plano de dias alternados, que poderia funcionar da seguinte forma:

Dia 1:   Leia o livro do Antigo Testamento de modo narrativo durante 15 ou 20 minutos; use o tempo que sobrar para orar.

Dia 2:   Faça um estudo indutivo de 15 a 20 minutos daquilo que leu no dia anterior. Use o tempo que sobrar para orar.

Repita esse sistema de alternância por 30 dias. Você deve ser capaz de ler dois ou três capítulos do Antigo Testamento a cada dois dias. Depois, volte ao estudo do Novo Testamento durante os 30 dias seguintes.

Sessenta minutos por dia

Se você tiver 60 minutos por dia, você pode tentar estudar o Antigo e o Novo Testamentos em cada sessão, mas você se sentirá menos estressado se permanecer fiel a um Testamento a cada 30 dias.

Para estudar o Antigo Testamento, leia 20 minutos; faça um estudo indutivo daquilo que leu durante 20 minutos; ore por 20 minutos.

Para estudar o Novo Testamento, leia o livro inteiro ou parte do livro que escolheu. Use o tempo que sobrar para fazer o estudo indutivo e para orar. Para fazer seu estudo indutivo, divida o livro como indicado no plano de 30 minutos. Ao fazer o estudo indutivo, nunca tente ler mais do que um capítulo por vez. Ao adquirir habilidades no estudo indutivo, você descobrirá que desejará abarcar partes menores e até mesmo versículos individuais para extrair todos os benefícios das verdades ricas que encontrará.

Noventa minutos por dia

Com 90 minutos ou mais, você terá tempo de sobra para fazer a leitura tanto do Novo como do Antigo Testamento e para estudar diariamente, se você assim o desejar. Uma maneira de usar um período de 90 minutos é: leia o Antigo Testamento por 15 minutos, depois faça um estudo indutivo de 15 minutos daquilo que leu. Leia o Novo Testamento durante 20 ou 30 minutos (dependendo de quanto tempo necessitará); invista 30 a 40 minutos num estudo indutivo e oração. Você pode querer variar o uso de seu tempo de acordo com suas necessidades e seus interesses pessoais.

APÊNDICE B

A Declaração de Chicago sobre a Inerrância Bíblica*

Prefácio

A autoridade das Escrituras é um tema chave para a igreja cristã, tanto desta quanto de qualquer outra época. Aqueles que professam fé em Jesus Cristo como Salvador e Senhor são chamados a demonstrar a realidade de seu discipulado cristão mediante obediência humilde e fiel à Palavra escrita de Deus. Afastar-se das Escrituras, tanto em questões de fé quanto em questões de conduta, é deslealdade para com nosso Mestre. Para que haja uma compreensão plena e uma confissão correta da autoridade das Sagradas Escrituras é essencial um reconhecimento da sua total veracidade e confiabilidade.

A Declaração a seguir afirma num novo formato essa inerrância das Escrituras, esclarecendo nosso entendimento a respeito dela e advertindo contra sua negação. Estamos convencidos de que negá-la é ignorar o testemunho dado por Jesus Cristo e pelo

---

* Citado segundo *O alicerce da autoridade bíblica*, de James Montgomery Boice (Sociedade Religiosa Vida Nova, ed. 1989, reimpressão 1997) p. 183-196.

Espírito Santo, e também rejeitar a submissão às reivindicações da própria palavra de Deus, submissão esta que caracteriza a verdadeira fé cristã. Entendemos que é o momento oportuno e nosso dever fazer esta afirmação diante dos atuais desvios da verdade da inerrância entre nossos irmãos em Cristo e diante do entendimento errôneo que esta doutrina tem tido no mundo em geral.

Esta Declaração consiste em três partes: uma Declaração Resumida, Artigos de Afirmação e Negação e uma Explanação. Ela foi preparada durante uma consulta de três dias de duração, realizada em Chicago, nos Estados Unidos. Aqueles que subscreveram a Declaração Resumida e os Artigos desejam expressar suas próprias convicções quanto à inerrância das Escrituras, estimular e desafiar uns aos outros e a todos os cristãos a uma compreensão e entendimento cada vez maiores desta doutrina. Reconhecemos as limitações de um documento preparado numa conferência rápida e intensiva, e não propomos que esta Declaração receba o valor de um credo. Regozijamo-nos, no entanto, com o aprofundamento de nossas próprias convicções por meio dos debates que juntos realizamos, e oramos para que esta Declaração que assinamos seja usada para a glória de Deus com vistas a uma nova reforma na Igreja no que tange a sua fé, vida e missão.

Apresentamos esta Declaração não num espírito de contenda, mas de humildade e amor, o que, com a graça de Deus, pretendemos manter em qualquer diálogo que, no futuro, surja daquilo que dissemos. Reconhecemos (...) que muitos que negam a inerrância das Escrituras não apresentam em suas crenças e comportamento as consequências dessa negação, e estamos conscientes de que nós, que confessamos essa doutrina, frequentemente a negamos em nossas vidas, por deixarmos de trazer nossos pensamentos e orações, tradições e costumes, em verdadeira sujeição à Palavra divina.

Qualquer pessoa que veja razões, à luz das Escrituras, para fazer emendas às afirmações desta Declaração sobre as próprias Escrituras (sob cuja autoridade infalível estamos, enquanto falamos), é convidada a fazê-lo. Não reivindicamos qualquer infalibilidade pessoal para o testemunho que damos, e seremos gratos por qualquer ajuda que nos possibilite fortalecer este testemunho acerca da Palavra de Deus.

I. Resumo da Declaração

1. Deus, sendo ele próprio a Verdade e falando somente a verdade, inspirou as Sagradas Escrituras a fim de, desse modo, revelar-se à humanidade perdida, por meio de Jesus Cristo, como Criador e Senhor, Redentor e Juiz. As Escrituras Sagradas são o testemunho de Deus sobre si mesmo.

2. As Escrituras Sagradas, sendo a própria Palavra de Deus, escritas por homens preparados e supervisionados por seu Espírito, possuem autoridade divina infalível em todos os assuntos que abordam: devem ser cridas, como instrução divina, em tudo o que afirmam; obedecidas, como mandamento divino, em tudo o que determinam; aceitas, como penhor divino, em tudo que prometem.

3. O Espírito Santo, seu divino autor, ao mesmo tempo as confirma por meio de seu testemunho interior e abre nossas mentes para compreender seu significado.

4. Tendo sido na sua totalidade e verbalmente dadas por Deus, as Escrituras não possuem erro ou falha em tudo o que ensinam, quer naquilo que afirmam a respeito dos atos de Deus na criação e dos acontecimentos da história

mundial, quer na sua própria origem literária sob a direção de Deus, quer no testemunho que dão sobre a graça salvadora de Deus na vida das pessoas.

5. A autoridade das Escrituras fica inevitavelmente prejudicada, caso essa inerrância divina absoluta seja de alguma forma limitada ou desconsiderada, ou caso dependa de um ponto de vista acerca da verdade que seja contrário ao próprio ponto de vista da Bíblia; e tais desvios provocam sérias perdas tanto para o indivíduo quanto para a Igreja.

II. Artigos de Afirmação e Negação

Artigo I.
Afirmamos que as Sagradas Escrituras devem ser recebidas como a Palavra oficial de Deus.

Negamos que a autoridade das Escrituras provenha da Igreja, da tradição ou de qualquer outra fonte humana.

Artigo II.
Afirmamos que as Sagradas Escrituras são a suprema norma escrita, pela qual Deus compele a consciência, e que a autoridade da Igreja está subordinada à das Escrituras.

Negamos que os credos, concílios ou declarações doutrinárias da Igreja tenham uma autoridade igual ou maior do que a autoridade da Bíblia.

Artigo III.
Afirmamos que a Palavra escrita é, em sua totalidade, revelação dada por Deus.

Negamos que a Bíblia seja um mero testemunho a respeito da revelação, ou que somente se torne revelação mediante encontro, ou que dependa das reações dos homens para ter validade.

Artigo IV.

Afirmamos que Deus, que fez a humanidade à sua imagem, utilizou a linguagem como um meio de revelação.

Negamos que a linguagem humana seja limitada pela condição de sermos criaturas, a tal ponto que se apresente imprópria como veículo de revelação divina. Negamos ainda mais que a corrupção, por meio do pecado, da cultura e linguagem humanas tenha impedido a obra divina de inspiração.

Artigo V.

Afirmamos que a revelação de Deus dentro das Sagradas Escrituras foi progressiva.

Negamos que revelações posteriores, que podem completar revelações mais antigas, tenham alguma vez corrigido ou contrariado tais revelações. Negamos ainda mais que qualquer revelação normativa tenha sido dada desde o término dos escritos do Novo Testamento.

Artigo VI.

Afirmamos que a totalidade das Escrituras e todas as suas partes, chegando às próprias palavras do original, foram escritas por inspiração divina.

Negamos que se possa corretamente falar de inspiração das Escrituras, alcançando-se o todo mas não as partes, ou algumas partes mas não o todo.

Artigo VII.

Afirmamos que a inspiração foi a obra em que Deus, por seu Espírito, por meio de escritores humanos, nos deu sua palavra. A origem das Escrituras é divina. O modo como se deu a inspiração permanece em grande parte um mistério para nós.

Negamos que se possa reduzir a inspiração à capacidade intuitiva do homem, ou a qualquer tipo de níveis superiores de consciência.

Artigo VIII.

Afirmamos que Deus, em sua obra de inspiração, empregou as diferentes personalidades e estilos literários dos escritores que ele escolheu e preparou.

Negamos que Deus, ao fazer esses escritores usarem as próprias palavras que ele escolheu, tenha passado por cima de suas personalidades.

Artigo IX.

Afirmamos que a inspiração, embora não outorgando onisciência, garantiu uma expressão verdadeira e fidedigna em todas as questões sobre as quais os autores bíblicos foram levados a falar e a escrever.

Negamos que a finitude ou a condição caída desses escritores tenha, direta ou indiretamente, introduzido distorção ou falsidade na Palavra de Deus.

Artigo X.

Afirmamos que, estritamente falando, a inspiração diz respeito somente ao texto autográfico das Escrituras, o qual, pela providência de Deus, pode-se determinar com grande exatidão a partir de manuscritos disponíveis. Afirmamos ainda mais que as cópias e traduções das Escrituras são a Palavra de Deus visto que fielmente representam o original.

Negamos que qualquer aspecto essencial da fé cristã seja afetado pela falta dos autógrafos. Negamos ainda mais que essa falta torne inválida ou irrelevante a afirmação da inerrância da Bíblia.

Artigo XI.

Afirmamos que as Escrituras, tendo sido dadas por inspiração divina, são infalíveis, de modo que, longe de nos desorientar, são verdadeiras e confiáveis em todas as questões de que tratam.

Negamos que seja possível a Bíblia ser, ao mesmo tempo infalível e errônea em suas afirmações. Infalibilidade e inerrância podem ser distinguidas, mas não separadas.

Artigo XII.

Afirmamos que, em sua totalidade, as Escrituras são inerrantes, estando isentas de toda falsidade, fraude ou engano.

Negamos que a infalibilidade e a inerrância da Bíblia estejam limitadas a assuntos espirituais, religiosos ou redentores, não alcançando informações de natureza histórica e científica. Negamos ainda mais que hipóteses científicas acerca da história da terra possam ser corretamente empregadas para desmentir o ensino das Escrituras a respeito da criação e do dilúvio.

Artigo XIII.

Afirmamos a propriedade do uso de inerrância como um termo teológico referente à total veracidade das Escrituras.

Negamos que seja correto avaliar as Escrituras de acordo com padrões de verdade e erro estranhos ao uso ou propósito da Bíblia. Negamos ainda mais que a inerrância seja contestada por fenômenos bíblicos, tais como uma falta de precisão técnica contemporânea, irregularidades de gramática ou ortografia, descrições da natureza feitas com base em observação, referência a falsidades, uso de hipérbole e números arredondados, disposição tópica do material, diferentes seleções de material em relatos paralelos ou uso de citações livres.

Artigo XIV.
Afirmamos a unidade e a coerência interna das Escrituras.
Negamos que alegados erros e discrepâncias que ainda não tenham sido solucionados invalidem as declarações da Bíblia quanto à verdade.

Artigo XV.
Afirmamos que a doutrina da inerrância está alicerçada no ensino da Bíblia acerca da inspiração.
Negamos que o ensino de Jesus acerca das Escrituras possa ser desconhecido sob o argumento de adaptação ou de qualquer limitação natural decorrente de sua humanidade.

Artigo XVI.
Afirmamos que a doutrina da inerrância tem sido parte integrante da fé da Igreja ao longo de sua história.
Negamos que a inerrância seja uma doutrina inventada pelo protestantismo escolástico ou que seja uma posição defendida como reação contra a alta crítica negativa.

Artigo XVII.
Afirmamos que o Espírito Santo dá testemunho acerca das Escrituras, assegurando aos que creem a veracidade da Palavra de Deus escrita.

Negamos que esse testemunho do Espírito Santo opere isoladamente das Escrituras ou em oposição a elas.

Artigo XVIII.

Afirmamos que o texto das Escrituras deve ser interpretado mediante exegese histórico-gramatical, levando em conta suas formas e recursos literários, e que as Escrituras devem interpretar as Escrituras.

Negamos a legitimidade de qualquer abordagem do texto ou busca de fontes por trás do texto que conduzam a um revigoramento, descontextualização histórica ou minimização de seu ensino, ou a uma rejeição de suas afirmações quanto à autoria.

Artigo XIX.

Afirmamos que uma confissão da autoridade, infalibilidade e inerrância plenas das Escrituras é vital para uma correta compreensão da totalidade da fé cristã. Afirmamos ainda mais que tal confissão deve conduzir a uma conformidade cada vez maior à imagem de Cristo.

Negamos que tal confissão seja necessária para a salvação. Contudo, negamos ainda mais que se possa rejeitar a inerrância sem graves consequências, quer para o indivíduo quer para a Igreja.

III. Exposição

Nossa compreensão da doutrina da inerrância deve dar-se no contexto mais amplo do que as Escrituras ensinam sobre si mesma. Esta explanação apresenta uma descrição do esboço da doutrina, na qual se baseiam nossa breve declaração e os artigos.

A. Criação, Revelação e Inspiração

O Deus Triúno, que formou todas as coisas por suas elocuções criativas e que a tudo governa pela Palavra de sua vontade, criou a humanidade à sua própria imagem para uma vida de comunhão consigo mesmo, tendo por modelo a eterna comunhão da comunicação dentro da Divindade. Como portador da imagem de Deus, o homem deve ouvir a Palavra de Deus dirigida a ele e reagir com a alegria de uma obediência em adoração. Além da autorrevelação de Deus na ordem criada e na sequência de acontecimentos dentro dessa ordem, desde Adão os seres humanos têm recebido mensagens verbais dele, quer diretamente, conforme declarado nas Escrituras, quer indiretamente na forma de parte ou totalidade das próprias Escrituras.

Quando Adão caiu, o Criador não abandonou a humanidade ao juízo final, mas prometeu salvação e começou a revelar-se como Redentor numa sequência de acontecimentos históricos centralizados na família de Abraão e que culminam com a vida, morte, ressurreição, atual ministério celestial e a prometida volta de Jesus Cristo. Dentro desse quadro de referência, de tempos em tempos, Deus tem proferido palavras específicas de juízo e misericórdia, promessa e mandamento, a seres humanos pecaminosos, de modo a conduzi-los a um relacionamento, uma aliança, de compromisso mútuo entre as duas partes, mediante o qual ele os abençoa com dons da graça, e eles o bendizem numa reação de adoração. Moisés, que Deus usou como mediador para transmitir suas palavras a seu povo à época do êxodo, está no início de uma longa linhagem de profetas em cujas bocas e escritos Deus colocou suas palavras para serem entregues a Israel. O propósito de Deus nesta sucessão de mensagens era manter sua aliança ao fazer com que seu povo conhecesse seu

Nome, isto é, sua natureza, e tantos preceitos quanto os propósitos de sua vontade, quer para o presente, que para o futuro. Essa linhagem de porta-vozes proféticos da parte de Deus culminou em Jesus Cristo, a Palavra encarnada de Deus, sendo ele um profeta (mais do que um profeta, mas não menos do que isso), e nos apóstolos e profetas da primeira geração de cristãos. Quando a mensagem final e culminante de Deus, sua palavra ao mundo a respeito de Jesus Cristo, foi proferida e esclarecida por aqueles que pertenciam ao círculo apostólico, encerrou-se a sequência de mensagens reveladas. Daí por diante, a Igreja devia viver e conhecer a Deus por meio daquilo que ele já havia dito, e dito para todas as épocas.

No Sinai, Deus escreveu os termos de sua aliança em tábuas de pedra, como seu testemunho duradouro e para ser permanentemente acessível, e ao longo do período de revelação profética e apostólica levantou homens para escreverem as mensagens dadas a eles e por meio deles, junto com os registros que celebravam seu envolvimento com seu povo, além de reflexões éticas sobre a vida em aliança e de formas de louvor e oração em que se pede a misericórdia da aliança. A realidade teológica da inspiração na elaboração de documentos bíblicos corresponde à das profecias faladas: embora as personalidades dos escritores humanos se manifestassem naquilo que escreveram, as palavras foram divinamente dadas. Assim, aquilo que as Escrituras dizem, Deus diz; a autoridade das Escrituras é a autoridade de Deus, pois ele é seu derradeiro autor, tendo entregue as Escrituras por meio das mentes e palavras dos homens escolhidos e preparados, os quais, livre e fielmente, "falaram da parte de Deus movidos pelo Espírito Santo" (2Pedro 1:21). Deve-se reconhecer as Escrituras Sagradas como a Palavra de Deus em virtude de sua origem divina.

B. Autoridade: Cristo e a Bíblia

Jesus Cristo, o Filho de Deus, que é a Palavra (Verbo) feita carne, nosso Profeta, Sacerdote e Rei, é o Mediador final da comunicação de Deus ao homem, como também o é de todos os dons da graça de Deus. A revelação dada por ele foi mais do que verbal; ele também revelou o Pai mediante sua presença e seus atos. Suas palavras, no entanto, foram de importância crucial, pois ele era Deus, ele falou da parte do Pai, e suas palavras julgarão todos os homens no último dia.

Na qualidade de Messias prometido, Jesus Cristo é o tema central das Escrituras. O Antigo Testamento olhava para ele no futuro; o Novo Testamento olha para trás, ao vê-lo em sua primeira vinda, e para frente em sua segunda vinda. As Escrituras canônicas são o testemunho divinamente inspirado e, portanto, normativo, a respeito de Cristo. Deste modo, não é aceitável alguma hermenêutica em que Cristo não seja o ponto central. Deve-se tratar as Escrituras Sagradas como aquilo que são em essência: o testemunho do Pai a respeito do Filho encarnado.

Parece que o cânon do Antigo Testamento já estava estabelecido à época de Jesus. Semelhantemente, o cânon do Novo Testamento está encerrado uma vez que nenhuma nova testemunha apostólica do Cristo histórico pode nascer agora. Nenhuma nova revelação (distinta da compreensão que o Espírito dá acerca da revelação existente) será dada até que Cristo volte. O cânon foi criado no princípio por inspiração divina. A parte da Igreja foi discernir o cânon que Deus havia criado, não elaborar o seu próprio cânon. Os critérios relevantes foram e são: autoria (ou sua confirmação), conteúdo e o testemunho confirmador do Espírito Santo.

A palavra cânon, que significa regra ou padrão, é um indicador de autoridade, o que significa o direito de governar e controlar. No cristianismo, a autoridade pertence a Deus em sua revelação, o que significa, por um lado, Jesus Cristo, a Palavra viva, e, por outro, as Sagradas Escrituras, a Palavra escrita. Mas a autoridade de Cristo e das Escrituras são uma só. Como nosso Profeta, Cristo deu testemunho de que as Escrituras não podem falhar. Como nosso Sacerdote e Rei, ele dedicou sua vida terrena a cumprir a lei e os profetas, até o ponto de morrer em obediência às palavras da profecia messiânica. Desta forma, assim como ele via as Escrituras testemunhando dele e de sua autoridade, de igual modo, por sua própria submissão às Escrituras, ele testemunhou da autoridade delas. Assim como ele se curvou diante da instrução de seu Pai dada em sua Bíblia (nosso Antigo Testamento), de igual maneira ele requer que seus discípulos assim o façam, todavia não isoladamente, mas em conjunto com o testemunho apostólico acerca dele, testemunho que ele passou a inspirar mediante a sua dádiva do Espírito Santo. Desta maneira, os cristãos revelam-se servos fiéis de seu Senhor, por se curvarem diante da instrução divina dada nos escritos proféticos e apostólicos que, juntos, constituem nossa Bíblia.

Ao confirmarem a autoridade um do outro, Cristo e as Escrituras fundem-se numa única fonte de autoridade. O Cristo biblicamente interpretado e a Bíblia centralizada em Cristo e que o proclama são, desse ponto de vista, uma só coisa. Assim como a partir do fato da inspiração inferimos que aquilo que as Escrituras dizem, Deus diz, assim também a partir do relacionamento revelado entre Jesus Cristo e as Escrituras podemos igualmente declarar que aquilo que as Escrituras dizem, Cristo diz.

C. Infalibilidade, Inerrância, Interpretação

As Escrituras Sagradas, na qualidade de Palavra inspirada de Deus que dá testemunho oficial acerca de Jesus Cristo, podem ser adequadamente chamadas de infalíveis e inerrantes. Estes termos negativos possuem especial valor, pois salvaguardam explicitamente verdades positivas.

Infalível significa a qualidade de não desorientar nem ser desorientado e, dessa forma, salvaguarda em termos categóricos a verdade de que as Santas Escrituras são uma regra e um guia certos, seguros e confiáveis em todas as questões.

Semelhantemente, inerrante significa a qualidade de estar livre de toda falsidade ou engano e, dessa forma, salvaguarda a verdade de que as Santas Escrituras são totalmente verídicas e fidedignas em todas as suas afirmações.

Afirmamos que as Escrituras canônicas sempre devem ser interpretadas com base no fato de que são infalíveis e inerrantes. No entanto, ao determinar o que o escritor ensinado por Deus está afirmando em cada passagem, temos de dedicar a mais cuidadosa atenção às afirmações e ao caráter do texto como sendo uma produção humana. Na inspiração, Deus utilizou a cultura e os costumes do ambiente de seus escritores, um ambiente que Deus controla em sua soberana providência; é interpretação errônea imaginar algo diferente.

Assim, deve-se tratar história como história, poesia como poesia, e hipérbole e metáfora como hipérbole e metáfora, generalização e aproximações como aquilo que são, e assim por diante. Também devem ser observadas as diferenças de práticas literárias entre os períodos bíblicos e o nosso: visto que, por exemplo, naqueles dias, narrativas são cronológicas e citações imprecisas eram habituais e aceitáveis e não violavam quaisquer expectativas, não devemos considerar tais coisas como falhas, quando as encontramos nos autores bíblicos. Quando não se esperava nem se buscava algum tipo específico de precisão absoluta, não constitui erro o fato de ela existir. As Escrituras são inerrantes não no sentido de serem totalmente precisas de acordo com os padrões atuais, mas no sentido de que validam suas afirmações e atingem a medida de verdade que seus autores buscaram alcançar.

A veracidade das Escrituras não é negada pela aparição, no texto, de irregularidades gramaticais ou ortográficas, de descrições fenomenológicas da natureza, de relatos de afirmações falsas (por exemplo, as mentiras de Satanás), ou as aparentes discrepâncias entre uma passagem e outra. Não é certo jogar os chamados fenômenos das Escrituras contra o ensino da Escritura sobre si mesma. Não se devem ignorar aparentes incoerências. A solução delas, onde se possa convincentemente alcançá-las, estimulará nossa fé, e, onde no momento não houver uma solução convincente disponível, significativamente daremos honra a Deus, por confiar em sua garantia de que sua Palavra é verdadeira, apesar das aparências em contrário, e por manter a confiança de que um dia se verá que elas eram enganos.

Na medida em que toda a Escritura é o produto de uma só mente divina, a interpretação tem de permanecer dentro dos limites da analogia das Escrituras e abster-se de hipóteses que visam corrigir uma passagem bíblica por meio de outra, seja em nome da revelação progressiva ou do entendimento imperfeito por parte do escritor inspirado.

Embora as Sagradas Escrituras não estejam limitadas pela cultura, no sentido de que seus ensinos carecem de validade universal, algumas vezes estão culturalmente condicionadas pelos hábitos e pelas ideias aceitas de um período em particular, de modo que a aplicação de seus princípios, hoje em dia, requer um tipo diferente de ação (por exemplo, na questão do corte de cabelo e do penteado das mulheres, ver 1Coríntios 11).

D. Ceticismo e Crítica

Desde a Renascença, e mais especificamente desde o Iluminismo, têm-se desenvolvido filosofias que envolvem o ceticismo diante das crenças cristãs básicas. É o caso do agnosticismo, que nega que Deus possa ser conhecido; do racionalismo, que nega que ele seja incompreensível; do idealismo, que nega que ele seja transcendente; e do existencialismo, que nega a racionalidade de seus relacionamentos conosco. Quando esses princípios não bíblicos e antibíblicos infiltram-se nas teologias do homem ao nível das pressuposições, como frequentemente acontece hoje em dia, a fiel interpretação das Sagradas Escrituras torna-se impossível.

E. Transmissão e Tradução

Uma vez que em nenhum lugar Deus prometeu uma transmissão inerrante da Escritura, é necessário afirmar que somente o manuscrito dos documentos originais foi inspirado, e manter a necessidade da crítica textual como meio de detectar quaisquer desvios que possam ter se infiltrado no texto durante o processo de sua transmissão. O veredicto dessa ciência é, entretanto, que os textos hebraico e grego parecem estar surpreendentemente bem preservados, de modo que temos amplo apoio para afirmar, junto com a Confissão de Westminster, uma providência especial de Deus nessa questão e em declarar que de modo algum a autoridade das Escrituras corre perigo devido ao fato de que as cópias que possuímos não estão totalmente livres de erros.

Semelhantemente, tradução alguma é perfeita, nem pode sê-la, e todas as traduções são um passo adicional de distanciamento dos manuscritos. Porém, o veredito da linguística é que pelo menos os cristãos de língua inglesa estão muitíssimo bem servidos na atualidade com uma infinidade de traduções excelentes e não têm motivo para hesitar em concluir que a Palavra verdadeira de Deus está ao seu alcance. Aliás, em vista da frequente repetição, nas Escrituras, dos principais assuntos de que elas tratam e também em vista do constante testemunho do Espírito Santo a respeito da Palavra e por meio dela, nenhuma tradução séria das Santas Escrituras chegará a de tal forma destruir seu sentido, a ponto de tornar inviável que elas façam o seu leitor "sábio para a salvação pela fé em Cristo Jesus" (2Timóteo 3:15).

E. Inerrância e Autoridade

Ao confiarmos que a autoridade das Escrituras envolve a verdade total da Bíblia, estamos conscientemente nos posicionando ao lado de Cristo e de seus apóstolos, aliás, ao lado da Bíblia inteira e da principal vertente da história da igreja, desde os primeiros dias até os anos mais recentes. Estamos preocupados com a maneira casual, inadvertida e aparentemente impensada como uma crença de importância e alcance tão vastos foi por tantas pessoas abandonada em nossos dias.

Também estamos conscientes de que uma grande e grave confusão é resultado de parar de afirmar a total veracidade da Bíblia, cuja autoridade as pessoas professam conhecer. O resultado de dar esse passo é que a Bíblia que Deus entregou perde sua autoridade e, no lugar disso, reveste-se de autoridade uma Bíblia reduzida em conteúdo de acordo com as exigências do raciocínio crítico das pessoas, sendo que, a partir do momento em que estas coisas acontecem, esse conteúdo pode ser enfraquecido mais e mais. Isto significa que, no fundo, a razão independente possui atualmente a autoridade, em oposição ao ensino das Escrituras. Se isso não é visto e se, por enquanto, ainda são sustentadas as doutrinas evangélicas fundamentais, as pessoas que negam a total veracidade das Escrituras podem reivindicar uma identidade com os evangélicos, ao mesmo tempo em que, metodologicamente, se afastaram da posição evangélica acerca do conhecimento para um subjetivismo instável, e não acharão difícil ir ainda mais longe.

Afirmamos que aquilo que as Escrituras dizem, Deus diz. Que ele seja glorificado. Amém e amém.

NOTAS

Capítulo 1: O que a Palavra de Deus significa para nós?

1. *A Declaração de Chicago sobre a Inerrância Bíblica* encerrou uma conferência do Concílio Internacional sobre a Inerrância Bíblica, realizada em Chicago, Illinois, em outubro de 1978. O presidente era James M. Boice. Os membros do concílio eram: Gleason L. Archer, James M. Boice, Edmund P. Clowney, Norman L. Geisler, John H. Gerstner, Jay H. Grimstead, Harold W. Hoehner, Donald E. Hoke, A. Wetherell Johnson, Kenneth S. Kantzer, James I. Packer, J. Barton Payne, Robert D. Preus, Earl D. Radmacher, Francis A. Schaeffer e R. C. Sproul.
2. Ibid.
3. Ibid.
4. D. Martyn Lloyd-Jones, "The Authority of the Scriptures", *Eternity* (abril de 1957).
5. Ibid.
6. Ibid.
7. Ibid.

8. Billy Graham, "The Authority of the Scriptures", *Decision* (junho de 1963).

Capítulo 2: Quem pode provar que a Bíblia é verdadeira?

1. John F. MacArthur, *Focus on Fact* (Old Tappan, NJ: Fleming H. Revell Company, 1977), caps. 7, 8, 9; Henry Morris, *Many Infallible Proofs* (San Diego, CA: Creation-Life Publishers, 1974); Batsell B. Baxter, *I Believe Because* (Grand Rapids, MI: Baker Book House, 1971); Bernard Ramm, *Protestant Christian Evidences* (Chicago: Moody Press, 1953); Harold Lindsell, *God's Incomparable Word* (Wheaton, IL: Victor Books, 1977); James C. Hefley, *Adventures with God... Scientists Who Are Christians* (Grand Rapids, MI: Zondervan Publishing House, 1967), p. 72.

2. Paráfrase das palavras de Agostinho em *De Genesi ad Litteram*, citadas em Fritz Ridenour, *Who Says?* (Glendale, CA: Regal Books, 1967), p. 151.

3. W. F. Albright, *Archeology and the Religion of Israel* (Baltimore, MD: Johns Hopkins Press, 1956).

4. Ridenour, *Who Says?*, p. 84, 85.

5. Ibid., p. 85.

6. Veja, por exemplo, Millar Burrows, *What Mean These Stones?* (American School of Royal Research, 1977); Donald J. Weisman e Edwin Yamauchi, *Archaeology and the Bible; an Introductory Study* (Grand Rapids, MI: Zondervan Publishing House, 1979); Clifford A. Wilson, *Rocks, Relics and Biblical Reliability* (Grand Rapids, MI: Zondervan Publishing House, 1977).

7. Ridenour, *Who Says?*, p. 78, 79.

8. D. Martyn Lloyd-Jones, "Authority of the Scriptures", *Decision* (junho de 1963).

Capítulo 3: Como Deus inspirou sua Palavra?

1. Donald Grey Barnhouse, "When God Breathed", *Eternity* (1961), p. 15.
2. Norman L. Geisler e William E. Nix, *A General Introduction to the Bible* (Chicago: Moody Press, 1968), caps. 12 e 14.
3. J. I. Packer, *God Has Spoken: Revelation and the Bible* (Londres: Hodden and Stoughton, 1965), p. 81.
4. William Hendriksen, *First and Second Timothy and Titus*, New Testament Commentary Series (Grand Rapids, MI: Baker Book House, 1957), p. 301, 302.
5. Gordon R. Lewis, "The Human Authorship of Inspired Scripture", *Summit Papers*, International Council on Biblical Inerrancy (1978).
6. Para uma leitura mais aprofundada sobre este tema, veja: Clark Pinnock, *Biblical Revelation* (Chicago: Moody Press, 1971); Harold Lindsell, *God's Incomparable Word* (Wheaton, IL: Victor Books, 1977); James M. Boice, org., *The Foundation of Biblical Authority* (Grand Rapids, MI: Zondervan Publishing House, 1978); Thomas A. Thomas, *The Doctrine of the Word of God* (Nutley, NJ: Presbyterian and Reformed Publishing Co., 1972); Benjamin B. Warfield, *The Inspiration and Authority of the Bible* (Nutley, NJ: Presbyterian and Reformed Publishing Co., 1970); Rene Pache, *The Inspiration and Authority of Scripture* (Chicago: Moody Press, 1971); Robert L. Saucy, *The Bible: Breathed from God* (Wheaton, IL: Victor Books, 1978).

Capítulo 4: Qual era a opinião de Jesus sobre a Bíblia?

1. D. Martyn Lloyd-Jones, *Authority* (Downers Grove, IL: Inter-Varsity, 1958), p. 17.
2. Ibid., p. 19.

3. Robert P. Lightner, *The Saviour and the Scriptures* (Nutley, NJ: Presbyterian and Reformed Publishing Co., 1973), p. 83.

4. F. F. Bruce, *The Books and the Parchments* (Londres: Pickering and Inglis, 1950), p. 164.

5. R. T. France, *Jesus and the Old Testament* (Londres: Tyndale House Publishers, 1971), p. 27.

6. James I. Packer, *Fundamentalism and the Word of God* (Grand Rapids, MI: Wm. B. Eerdmans Publishing Co., 1958), p. 54-62.

7. Norman L. Geisler e William E. Nix, *A General Introduction to the Bible* (Chicago: Moody Press, 1968), p. 59, 60.

8. John M. M'Clintock e James Strong, "Accomodation", *Cyclopaedia of Biblical, Theological-Ecclesiastical Literature* (Nova York: Arno Press, 1969), vol. 1, p. 47.

9. Milton S. Terry, *Biblical Hermeneutics* (Grand Rapids, MI: Zondervan, 1974), p. 166.

10. Geisler e Nix, *General Introduction*, p. 60.

11. Ibid., p. 61.

12. Lightner, *The Saviour and the Scriptures*, p. 47.

13. Packer, *Fundamentalism*, p. 61.

14. Para uma boa discussão da promessa de inspiração divina dada por Jesus aos autores do Novo Testamento, veja Rene Pache, *The Inspiration and Authority of Scripture* (Chicago: Moody Press, 1969), p. 90-91.

Capítulo 5: Podemos acrescentar à Palavra de Deus?

1. Henry M. Morris, *Many Infallible Proofs* (San Diego, CA: Creation-Life Publishers, 1974), p. 157.

2. Ibid., p. 159.

3. G. Abbot-Smith, *Manual Greek Lexicon of the New Testament* (Edimburgo: T. and T. Clark, 1921), p. 230.

NOTAS

4. Merril C. Tenney, *The New Testament* (Grand Rapids, MI: Wm. B. Eerdmans Publishing Co., 1953), p. 47.

5. B. F. Westcot, *A General Survey of the History of the Canon of the New Testament* (Londres: Macmillan Publishing Company, Inc., 1875), p. 516.

6. Para uma discussão completa do desenvolvimento do cânone do Antigo Testamento, leia Norman L. Geisler e William E. Nix, *From God to Us: How We Got Our Bible* (Chicago: Moody Press, 1974), cap. 7.

7. Veja Donald Guthrie, "The Canon of Scripture", *The New International Dictionary of the Christian Church* (Grand Rapids, MI: Zondervan Publishing House, 1974), p. 189-190.

8. Para uma boa discussão sobre os livros apócrifos, veja Norman L. Geisler e William E. Nix, *A General Introduction to the Bible* (Chicago: Moody Press, 1976), p. 162-207.

9. Alma 5:45-46, The Book of Mormons (Salt Lake City, UT: The Church of Jesus Christ of Latter-Day Saints, 1950), p. 208.

10. *The Christian Science Journal*, vol. 3, número 7, julho 1975, p. 362.

11. Ibid., p. 361.

12. *The First Church of Christ, Scientist and Miscellany* (Boston, 1941), p. 115.

13. The Watchtower (15 de abril de 1943), p. 127.

14. *Christianity Today*, vol. 21, número 10 (18 de fevereiro de 1977), p. 18.

Capítulo 6: A Palavra de Deus: Fonte de verdade e liberdade

1. Veja William Hendriksen, *Exposition of the Gospel According to John*, New Testament Commentary (Grand Rapids, MI: Baker Book House, 1953), vol. 2, p. 50-52.

2. Para passagens sobre Deus como Criador, veja Gênesis 1:1; Neemias 9:6; Jó 26:7. Para passagens sobre Deus como Criador do homem, veja Gênesis 1:26,27; Jó 12:10. Para a eternidade de Deus, veja Jó 36:26; Salmos 9:7; Efésios 3:21; 1Timóteo 1:17. Para a fidelidade de Deus, veja Salmos 100:5; 103:17; 121:3; 1Coríntios 10:13; 2Coríntios 1:20; 1Tessalonicenses 5:24. Para passagens sobre a brevidade da vida, veja 1Samuel 23; Jó 8:9; Salmos 90:9. Para a vida eterna, veja 1João 2:25; João 5:24; 11:25. Para versículos sobre a morte, veja Romanos 5:12; 1Coríntios 15:21,22; Hebreus 9:27.

3. Para relacionamentos entre homens e mulheres e maridos e esposas, veja o Sermão da Montanha —Mateus 5, 6, 7; 1Coríntios 7; Efésios 5:21–33. Para relacionamentos entre amigos e inimigos, veja Provérbios 17:17; 27:10; 27:17; João 15:13; Mateus 5:43,44.

4. Para aquilo que a Bíblia ensina em relação ao que devemos comer e beber, veja 1Coríntios 10:31; Romanos 14:17–21. Para passagens-chave sobre como viver, veja Lucas 6:31; Gálatas 5:22–26; Romanos 12. Para versículos sobre como devemos pensar, veja Filipenses 4:6–8; Romanos 12:3; Provérbios 12:5.

Capítulo 7: A Palavra de Deus: guia para a vontade dele

1. Alan Redpath, *Getting to Know the Will of God* (Downers Grove, IL: InterVarsity Press, 1954), p. 12.

2. James C. Dobson, *Dr. James Dobson Talks About God's Will* (Glendale, CA: Regal Books, 1975).

3. Dwight L. Carlson, *Living God's Will* (Old Tappan, NJ: Fleming H. Revell Company, 1976), parte 3.

4. Jim Conway, *Mid-Life Crisis* (Elgin, IL: David C. Cook Publishing Company, 1978). Os capítulos que falam especificamente sobre problemas pessoais são os capítulos 10, 11, 15-19.

NOTAS

5. Barbara R. Fried, *The Middle-Age Crisis* (Nova York: Harper and Row Publishers, Inc., 1967), p. 39.

6. Harold L. Fickett, Jr., é autor de vários livros sobre a vida cristã, incluindo: *Keep On Keeping On!* 1 and 2 Thessalonians (Glendale, CA: Regal Books, 1977); *Peter's Principles*, 1 and 2 Peter (Glendale, CA: Regal Books, 1974); *Faith that Works*, James (Glendale, CA: Regal Books, 1972).

7. John F. MacArthur, *Found: God's Will* (Wheaton, IL: Victor Books, 1973).

Capítulo 8: A Palavra de Deus: O caminho do crescimento

1. William Barclay, *The Letters of James and Peter*, The Daily Study Bible (Edimburgo: The Saint Andrew Press, 1958), p. 224-226.

Capítulo 9: A palavra de Deus: A perfeita faca de poda

1. Donald Guthrie, *The New Bible Commentary*, edição revista (Grand Rapids, MI: Wm. B. Eerdmans, 1970), p. 959.

2. William Barclay, *The Gospel of John*. The Daily Study Bible (Edimburgo: The Saint Andrew Press, 1955), p. 1762-176.

3. Alguns teólogos distorceram a analogia da videira e dos ramos ao concluírem que, já que o agricultor, o Pai, é uma pessoa separada que cuida da videira, isso prova que Cristo não faz parte da Trindade. Argumentam que, se a deidade de Jesus fosse genuína, o Pai teria sido representado como, por exemplo, as raízes da videira. Mas a analogia de Jesus não pretende ensinar algo sobre sua união com o Pai. João já afirmou de forma bastante conclusiva que Jesus é Deus em várias outras passagens de seu Evangelho (veja, por exemplo, João 14:1-6). O que Jesus ensina aqui é o cuidado que o Pai tem com os discípulos do Filho.

4. Para uma discussão excelente sobre coisas que, às vezes, são confundidas com o fruto, veja James E. Rosscup, *Abiding in Christ: Studies in John 15* (Grand Rapids, MI: Zondervan Publishing House, 1973), p. 70-77.

5. Primeira pergunta da Confissão de Westminster: "Qual é o fim principal do homem?" Resposta: "O fim principal do homem é glorificar a Deus, e adorá-lo para sempre." - Breve Catecismo de Westminster.

Capítulo 10: A Palavra de Deus: A arma decisiva

1. Para uma discussão sobre as palavras gregas *romphaia* e *machaira*, veja W. E. Vine, *Expository Dictionary of New Testament Words* (Old Tappan, NJ: Fleming H. Revell Co., 1940), vol. 4, p. 100.

2. William Barclay, *The Gospel of Matthew*, The Daily Study Bible (Edimburgo: The Saint Andrew Press, 1956), vol. 1, p. 60.

3. A. Naismith, *1200 Notes, Quotes and Anecdotes* (Chicago: Moody Press, 1962), p. 15.

Capítulo 11: O que diz a Palavra de Deus?

1. Charles R. Pfeiffer e Everett F. Harrison (orgs.), *The Wycliffe Bible Commentary* (Chicago: Moody Press, 1962), p. 62.

2. Para mais informações sobre um plano de leitura bíblica básico, veja Henry H. Halley, *Halley's Bible Handbook*, 24ª edição (Grand Rapids, MI: Zondervan Publishing House, 1965), p. 805-813.

3. Para informações sobre o sistema temático dos Navegadores, veja *Guidebooks One, Two, and Three*. Nav. Press, P.O.Box 20, Colorado Springs, Colorado 80901.

Capítulo 12: O que significa a Palavra de Deus?

4. Para uma discussão útil sobre alegorias e outras linguagens simbólicas nas Escrituras, veja A. Berkeley Mickelsen e Alvera M. Mickelsen, *Better Bible Study* (Glendale, CA: Regal Books, 1977), cap. 7, "Why Does the Bible Use Figurative Language?" e cap. 12, "What Is an Allegory?"

5. Charles Caldwell Ryrie, *The Ryrie Study Bible*, New Testament (Chicago: Moody Press, 1976).

Este livro foi impresso em 2021, pela
Vozes, para a Thomas Nelson Brasil. A
fonte usada no miolo é Adobe Jenson Pro
corpo 12. O papel do miolo é Avena 70g/m²
e o da capa é cartão 250g/m².